La beauté

Chemin vers Dieu

Titre original : *Beauty : a path to God*
Traduit de l'américain par Cathy Brenti

ISBN : 978-2-84024-904-7

ANTHONY J. CIORRA

LA BEAUTÉ

Chemin vers Dieu

Traduit par Cathy Brenti

EdB

« Toute la nature humaine résiste ardemment à la grâce
parce que la grâce nous change
et que tout changement est douloureux. »
Mary Flannery O'Connor [1]

En action de grâces pour deux serviteurs
de la beauté de Dieu :
saint Jean XXIII (1881-1963) et
Thomas Merton (1915-1968)
qui nous ont montré comment
affronter courageusement la peur
et accueillir résolument la grâce

1. NdT : *The habit of being*, Farrar-straus-and-giroux, New York, 1988.

On n'apprend pas tout seul
et on n'écrit pas un livre tout seul.
Beaucoup de gens m'ont soutenu au cours de la rédaction
de ce livre sur la beauté et je leur en suis reconnaissant.
Je rends grâce à Celui qui est la source de tout ce qui est
beau, espérant que ce livre attirera beaucoup d'âmes
à la beauté de l'amour de Dieu.
Je suis particulièrement reconnaissant envers ma
famille pour ses encouragements, son soutien et son amour.
Ma mère m'a souvent dit : « Tu devrais être reconnaissant
pour la famille merveilleuse que tu as. » Je suis reconnaissant
et ai toujours été béni dans ma famille, source de bonté et
d'inspiration. Elle reflète la beauté de Dieu dans ma vie.
Je suis aussi reconnaissant envers ma famille spirituelle,
l'Institut Voluntas Dei[2]*, qui m'a formé et m'a encouragé à*
mettre mes dons au service de l'Église et du monde.

2. NdT : Institut séculier fondé en 1958 par le père Parent, o.m.i.

Introduction à la beauté

Le monde, nos pays et l'Église sont entrés en ce vingt et unième siècle dans un territoire inconnu. J'ai souhaité par ce livre souligner combien la beauté est la porte d'entrée à une nouvelle spiritualité pour ce siècle commençant. Elle trouve sa source dans des vérités éternelles et les traduit pour le monde contemporain. Mon livre a pour but d'explorer une spiritualité de la beauté qui respecte la tradition de la spiritualité chrétienne et construise à partir de cette tradition même.

Au quatrième siècle, saint Augustin s'est battu contre la séduction des plaisirs encouragés par la philosophie païenne, tout en ne craignant pas de demeurer ouvert aux questions soulevées par la juxtaposition du paganisme avec les enseignements des premiers chrétiens. Finalement, vérité et beauté ont eu raison de lui, grâce aux prières de sa maman et à la prédication de saint Ambroise. Dans ses *Confessions*[3], saint Augustin écrit que Dieu, en tant que Beauté, est la source de toute beauté terrestre :

3. *Les Confessions* de saint Augustin, éd. Breal, 2000.

« Bien tard je t'ai aimée,
Ô beauté si ancienne et si nouvelle,
Bien tard je t'ai aimée !
Et voici que tu étais au-dedans, et moi au-dehors
Et c'est là que je te cherchais,
Tu as appelé, tu as crié et tu as brisé ma surdité ;
Tu as brillé, tu as resplendi et tu as dissipé ma cécité ;
Tu as embaumé, j'ai respiré et haletant j'aspire à toi ;
J'ai goûté et j'ai faim et j'ai soif ;
Tu m'as touché et je me suis enflammé pour ta paix. »

Dix-sept siècles plus tard, nous nous retrouvons face au même genre de séduction dans notre culture qui pose des questions nouvelles. En notre vingt et unième siècle, nous devons faire la même chose que saint Augustin au quatrième. Le Dieu qui a attiré saint Augustin au moyen de la beauté fera de même pour les chercheurs de sens aujourd'hui, si nous gardons courage. La beauté gagnera une nouvelle fois. L'expérience de saint Augustin peut devenir la nôtre.

Dans l'art, saint Augustin est souvent représenté tenant son cœur dans la main. Aujourd'hui, on dirait qu'il laisse paraître ses sentiments. Une spiritualité de la beauté commence par le cœur. La beauté qui est « si ancienne » nous attire sur de nouveaux chemins spirituels dans le monde actuel. La technologie, la mondialisation et les nouvelles spiritualités ne sont pas nos ennemies, mais elles nous conduisent plutôt vers de nouvelles définitions de la beauté. La poursuite de la beauté nous unit dans une quête commune pour découvrir ce que signifie être un homme à notre époque. Dans sa *Lettre aux artistes*, le saint pape Jean-Paul II décrit la création artistique comme étant une « épiphanie de la beauté », encourageant ainsi chacun à faire don de son art au monde[4]. Le Pape avait compris que les besoins nouveaux aujourd'hui requièrent de

4. NdT : Le sous-titre exact de la *Lettre aux artistes* de 1999 est : « À tous ceux qui, avec un dévouement passionné, cherchent de nouvelles "épiphanies" de la beauté pour en faire don au monde dans la création artistique ».

nouvelles épiphanies, de nouvelles façons de créer la beauté, qui nous permettront de pénétrer le mystère de l'amour de Dieu. Notre siècle a besoin d'hommes et de femmes qui partagent leur compréhension de la tradition mystique et soient prêts à intégrer cette tradition dans leur vie contemporaine. Nous avons besoin d'artisans de la vie spirituelle qui, puisant la beauté dans leur cœur, la portent dans le monde. De même que la Renaissance a marqué un tournant décisif en matière d'art religieux, aujourd'hui, la quête de spiritualité est une toile blanche offerte à ceux qui souhaitent manier le pinceau. Notre tâche sera donc de montrer au monde combien il est beau. Le leitmotiv – « Je veux de la spiritualité, mais pas de religion » – de notre culture contemporaine souligne le fait qu'il y a un vide dans l'âme humaine : elle soupire après la présence mystique de Dieu et ne se sent pas rejointe par les anciennes formes de la tradition spirituelle. Les artistes d'aujourd'hui – pour la vie spirituelle – sont ceux qui, par leur création, vont offrir la beauté en réponse au vide qui existe entre religion et spiritualité.

Dans son roman *L'Idiot*[5], Dostoïevski nous donne un indice de la façon de faire : « Est-il vrai, mon prince, qu'un jour, vous avez déclaré que la beauté sauvera le monde ? » Bien qu'une spiritualité durable doive s'ancrer dans une bonne théologie, son centre d'intérêt n'est pas d'expliquer des doctrines, mais de transformer la vie. Poésies et chants parlant d'un Dieu Amour toucheront les cœurs. La beauté sauvera le monde en unissant religion et spiritualité.

Prier, c'est faire de la place en vous pour que Dieu puisse accomplir une œuvre merveilleuse dans votre vie. Saint Luc reprend l'exemple de Marie qui *« gardait toutes choses et les méditait en son cœur*[6] ». Il est important de remarquer que le lieu de sa méditation, c'est son cœur. Elle ne commence pas

5. Éditions Lqf 1994.
6. Lc 2, 19.

par la tête. La notion grecque de *méditer* signifiait réfléchir sous tous les angles. C'était la méthode employée par les grands philosophes comme Platon et Aristote. Pour l'esprit hébreu, *méditer* ne traitait pas tant de pensée que de transformation. Le concept juif de méditation consistait à tenir contradictions et incertitudes en tension à l'intérieur du cœur humain. Réponses définitives et certitudes ne produisent aucune beauté. Le choix de rester avec ses questions permet à la beauté de surgir à son propre rythme. Précipiter la beauté, courir en avant de la grâce, c'est l'étouffer. Prier consiste à demeurer dans la tension d'un accouchement au milieu du vide.

Dans sa *Lettre aux Artistes*, le saint pape Jean-Paul II décrivait cette dynamique, citant le poète polonais Adam Mickiewicz : « Du chaos surgit le monde de l'esprit. » Et le Pape concluait par ces mots : « Que votre art contribue à l'affermissement d'une beauté authentique qui, comme un reflet de l'Esprit de Dieu, transfigure la matière, ouvrant les esprits au sens de l'éternité ! » Alexandre Soljenitsyne décrivait en ces termes la force de la spiritualité que l'art stimule, dans son discours de réception du prix Nobel de 1970 : « L'art embrase l'âme la plus froide, la plus sombre, pour lui faire vivre une expérience spirituelle. »

C'est l'Esprit de Dieu lui-même qui nous conduit à la fête de la beauté. Ce même Esprit, qui a soufflé sur le chaos dont nous parle le Livre de la Genèse, continue de créer la beauté à partir du chaos de nos vies. L'Esprit est l'artiste saint qui crée la beauté au sein du mystère. L'Esprit, qui fait de notre prière imparfaite une prière parfaite, est celui qui fait naître la beauté à partir même de la blessure de nos vies. Saint Paul écrit :

> « *L'Esprit Saint vient au secours de notre faiblesse, car nous ne savons pas prier comme il faut. L'Esprit lui-même intercède pour nous par des gémissements inexprimables. Et Dieu, qui scrute les cœurs, connaît les intentions de l'Esprit*[7]. »

7. Rm 8, 26-27.

L'Esprit Saint nous donne une vision courageuse qui relie l'esprit humain au feu divin d'amour.

C'est précisément par la prière que l'Esprit relie nos cœurs à Celui après qui nous soupirons. Dieu nous envoie l'Esprit Saint pour faire de nos vies une œuvre d'art qui attirera beaucoup de gens vers Celui qui est Beau. Nous sommes vraiment des ministres de la beauté de Dieu. Les Chinois ont une expression : « Quand le sage montre la lune, l'idiot regarde le doigt. » Nous sommes le « doigt » que Dieu a voulu beau pour que nous puissions lui attirer de nouvelles âmes.

Les pères du concile Vatican II ont entendu sept discours à la clôture du Concile le 8 décembre 1965. L'un d'entre eux s'adressait aux artistes. Il nous envoie apporter une spiritualité de la beauté au vingt et unième siècle, soulignant : « C'est la beauté, comme la vérité, qui apporte la joie au cœur de l'être humain » et demandant aux artistes d'aujourd'hui de servir « comme les gardiens de la beauté dans le monde ».

Les pères du Concile nous conseillent de nous méfier de ces « goûts qui passent ». Pour qu'une spiritualité soit « toujours nouvelle », elle doit se construire sur une tradition « toujours ancienne ». L'écrivain Evelyn Underhill[8] épouse un mysticisme qui est davantage pratique que théorique. Elle suggère des rites de passage pour atteindre le but de l'amour, par le développement de la conscience humaine, qui commence par un réveil et se poursuit par la purgation, l'illumination, les ténèbres et l'union. Elle enseigne que le premier rite de passage – et le plus important – est de s'éveiller à la présence du divin. Nous devons ouvrir les yeux pour voir comme une nouveauté ce qui a toujours été à nos côtés et que nous n'avions jamais remarqué.

---

8. 1875-1941. Auteur et pacifiste anglaise, anglo-catholique, connue pour ses nombreux ouvrages sur la religion et la pratique spirituelle, en particulier le mysticisme chrétien.

Cet ouvrage étudie la capacité inhérente à la beauté, ainsi qu'au processus de recherche et d'appréciation de la beauté du monde créé par Dieu, à introduire des éléments de prière, de joie et de spiritualité dans nos vies aujourd'hui. Nous commencerons donc en étudiant amplement la spiritualité née d'une vie au cœur de la beauté, pour ensuite nous centrer sur la beauté résidant dans des aspects clés d'une vie spirituelle profonde. Nous explorerons la beauté inhérente à l'appréciation de l'instant présent, la beauté associée au pardon et la beauté engendrée par la gratitude. Et enfin, nous terminerons en explorant les ténèbres comme chemin vers la beauté, parce que nous considérons qu'une période de ténèbres spirituelles ou affectives, de mélancolie, peut générer une grande beauté.

Nous voulons vous inviter à embrasser une spiritualité de la beauté. La plupart des œuvres visuelles ou écrites auxquelles nous ferons référence au long de ces pages sont reprises à la fin du livre, dans une rubrique intitulée « Références de sites internet », donnant un lien vers chacune d'elles. Prenez le temps de contempler ces œuvres et de vous attarder devant leur beauté. À la fin de chaque chapitre, je vous donne des suggestions pour avancer dans la réflexion ; je vous invite à réfléchir et à partager avec d'autres sur ce chemin de découverte de la beauté. On apprécie davantage des œuvres de beauté quand on est à plusieurs. Cette connaissance profonde que nous appelons la sagesse ne peut s'apprécier que dans le contexte d'une communauté ; on ne peut connaître seul. Les disciples en route vers Emmaüs sont devenus une communauté de beauté lorsque leurs yeux se sont ouverts ensemble sur la beauté de la Résurrection du Christ.

Dès que nous nous laissons toucher par la beauté, nous commençons à découvrir les domaines dans lesquels nous devons nous laisser transformer, nous laisser purifier de ce qui nous empêche de l'expérimenter et de devenir beaux nous aussi. C'est là que la lumière commence à se faufiler entre les fentes. La grâce est l'énergie créatrice permettant le changement. Cette énergie souffle comme le vent et nous pousse au désert, là où le Divin Artiste va ciseler son chef-d'œuvre, comme Michel-Ange a sculpté sa *Pietà* dans un morceau de marbre déformé. À la fin, le parcours s'achève en extase dans les bras du Divin Artiste et nous ne prions plus, nous sommes nous-mêmes devenus prière. Nous sommes transformés par la beauté pour offrir un nouveau chemin vers Dieu en ce vingt et unième siècle.

Chapitre I

L'ART ET LA BEAUTÉ DE LA SPIRITUALITÉ

1. Voir les couleurs

C'est auprès du saint pape Jean-Paul II, dans sa *Lettre aux artistes*, que nous avons trouvé notre tremplin vers la spiritualité de la beauté[9]. Le Pape était un poète ; il a écrit cette *Lettre* à partir de son expérience personnelle et de la façon dont il a été lui-même transformé par la beauté. Lorsqu'il écrit : « Personne mieux que vous artistes, géniaux constructeurs de beauté, ne peut avoir l'intuition de quelque chose du *pathos* avec lequel Dieu, à l'aube de la création, a regardé l'œuvre de ses mains[10] », c'est une déclaration claire et audacieuse qu'il fait. Il s'émerveille de la capacité de l'artiste à créer la beauté à partir d'éléments que les autres ne voient pas, ne goûtent pas. Il compare le sentiment de satisfaction

9. *Lettre aux artistes*, avril 1999.
10. *Op. cit.* § 1.

que ressent l'artiste à la réponse de Dieu devant la beauté du monde tout nouvellement créé : « *Et voici : cela était très bon*[11]. »

Les yeux sont le miroir de l'âme. C'est l'Esprit qui crée ce miroitement, pur don qui déborde en couleurs et en sons comme pour créer une nouvelle Pentecôte. Cette transformation rappelle la scène du film *Le magicien d'Oz*[12] au cours de laquelle Dorothée approche d'une maison qui est « en noir et blanc » à l'extérieur. Lorsqu'elle ouvre la porte pour y entrer, elle est submergée par les couleurs. De la même façon, l'Esprit nous sort d'un monde en noir et blanc pour nous faire entrer dans la chambre du cœur de Dieu, pleine de couleurs.

La plus grande partie de l'année liturgique se vit dans le Temps Ordinaire. C'est l'Esprit Saint qui rend extraordinaire ce temps ordinaire. Les saints et les mystiques au long des siècles ont eu recours à l'image de la lumière pour exprimer leur expérience de l'Esprit Saint, qui tire l'éclat des ténèbres de l'ordinaire. Touché par l'Esprit, notre pèlerinage sur la terre se déroule dans un univers enflammé de couleurs. En empruntant à Karl Rahner son concept du « chrétien anonyme », je prétends qu'il y a des artistes par charisme et de métier, et qu'il y a des « artistes anonymes ». Tout être humain est un artiste dans l'âme, puisqu'il a été créé à l'image et à la ressemblance de Dieu. Si nous en sommes bien conscients, c'est une œuvre d'art que nous allons effectuer lorsque nous transformons l'ordinaire de la vie quotidienne avec le pinceau de la grâce de Dieu. Ce que saint Jean-Paul II écrivait aux artistes professionnels peut s'appliquer à l'artiste qui vit en tout être humain. C'est à nous tous qu'il écrit :

> « Un nombre infini de fois, une vibration de ce sentiment s'est réfléchie dans les regards avec lesquels, comme les artistes

11. Gn 1, 31.
12. Film de Victor Fleming, studios MGM 1939.

de tous les temps [...], vous avez contemplé l'œuvre de votre inspiration, y percevant comme l'écho du mystère de la création, auquel Dieu, seul créateur de toutes choses, a voulu en quelque sorte vous associer[13]. »

Une œuvre extraordinaire s'accomplit dans le monde. Nous sommes façonnés pour être des artistes qui partagent avec d'autres *« ce que nous avons vu de nos yeux, ce que nous avons contemplé et que nos mains ont touché*[14]. » Ceux qui nous entourent veulent avoir un avant-goût de cette beauté qu'ils voient dans ceux qui se laissent conduire par l'Esprit. La famille humaine devient progressivement une communauté d'artistes.

Cette communauté inspirée par l'Esprit Saint n'a pas choisi la beauté comme étant une fin en soi, mais bien plutôt, elle la considère comme étant une porte d'entrée vers un mode de vie qui reflète des rayons de bonté. Il existe un lien étroit entre la beauté et le bien. En effet, le pape Jean-Paul II souligne que les Grecs l'avaient bien compris : en fusionnant ensemble les deux concepts, ils avaient forgé une locution qui les comprend toutes les deux : *kalokagathia*, c'est-à-dire « beauté-bonté[15] ». Nous devenons *kalokagathia* lorsque les actes de notre vie manifestent la charité qui est le fruit d'une authentique appréciation de la beauté. La bonté de Dieu s'exprime en notre monde lorsque nous traitons les autres avec la beauté de la charité. Ce défi nous place sur le terrain où se déroule la bataille entre le bien et le mal. Chaque fois que nous choisissons le bien, à travers notre gentillesse et notre compassion, nous mettons de la couleur dans notre monde.

Jésus s'est fait homme pour nous conduire à la beauté par sa vie et ses enseignements. La spiritualité de la beauté

13. *Lettre aux artistes*, § 1.
14. 1 Jn 1, 1.
15. *Lettre aux artistes*, § 3.

permet de devenir comme le Christ Homme. Saint Jean-Paul II nous rappelle encore dans sa *Lettre* que le message de l'Évangile est rempli de récits magnifiques, de scènes, de paroles et d'images de Jésus incarné, Fils de Dieu, qui nous permet d'avoir une réserve abondante d'exemples de ce qui est vrai et bon pour notre transformation. C'est ce qu'il exprime lorsqu'il écrit :

> « En se faisant homme, en effet, le Fils de Dieu a introduit dans l'histoire de l'humanité toute la richesse évangélique de la vérité et du bien, et, en elle, a révélé aussi une nouvelle dimension de la beauté : le message évangélique en est totalement rempli[16]. »

2. La symphonie de la Parole

L'Écriture est un ensemble de lettres d'amour que Dieu nous écrit et qui sont pleines de cette beauté exquise. C'est la raison pour laquelle les rabbins juifs en tartinaient les pages avec du miel et les embrassaient pour que les paroles de beauté puissent devenir aussi beauté pour le cœur humain. Nous recevons la beauté du message divin dans la Parole écrite et attirons nos frères vers cette beauté. Le même Esprit qui a inspiré de belles pensées aux auteurs des Écritures inspirera de la même façon ceux qui les liront.

La prédication franciscaine au Moyen Âge s'est forgée à partir de ce paradigme. La façon dont saint François et ses disciples prêchaient raccordait le sacré à la musique. Appelée *Laudes*, à partir du terme latin pour « louanges », la prédication ou louange invitait tous ceux qui écoutaient à s'unir au chant des enfants de Dieu. La poésie et le chant, et non des sermons prosaïques, servaient à dépeindre la scène du banquet céleste.

---

16. *Op. cit.* § 5.

Lorsque l'on lit les Écritures, il ne s'agit pas d'absorber un ensemble de mots, mais bien plutôt de se laisser absorber en Dieu. Les Juifs commençaient par se laver les mains en signe de respect et de déférence pour se préparer à une rencontre avec la Parole. Ils lisaient au-delà de la lettre du texte. Le terme inventé pour décrire cette façon d'approcher les textes sacrés, *Midrash*, était de deux types : *midrash halakhah*, les règles, et *midrash haggadah*, autour d'une histoire pour appuyer les enseignements particuliers sur la beauté.

Par exemple, dans les Évangiles, le scribe pose une question de *halakhah* : « *Quel est le premier de tous les commandements*[17] *?* » Jésus répond en reprenant deux paragraphes de la Loi : « *Tu aimeras le Seigneur ton Dieu de tout ton cœur, de toute ton âme et de toute ta force*[18] » et « *Tu aimeras ton prochain comme toi-même*[19] ». Dans l'évangile de Marc, Jésus est allé bien au-delà d'une réponse standard en réunissant les deux commandements en un seul. Il a ainsi créé un nouvel ouvrage de beauté en rassemblant ces deux textes séparés pour signifier quelque chose de radicalement nouveau. Dans cet enseignement révolutionnaire, l'amour de Dieu est placé au même niveau que l'amour du prochain. Nous n'avons donc plus deux enseignements différents, mais une seule œuvre de beauté qui va changer le monde.

C'est la même chose en ce qui concerne l'enseignement de Jésus sur le shabbat. Le shabbat est l'une des principales obligations de la Loi, aussi Jésus ne va pas le rejeter : au contraire, il lui redonne vie en en faisant une œuvre belle plutôt que l'accomplissement d'une obligation juridique. Il subordonne d'abord l'observance du shabbat à un niveau plus profond, invitant ses auditeurs à entrer dans une réalité nouvelle : « *Le shabbat a été fait pour l'homme, et non pas*

17. Mc 12, 28.
18. Dt 6, 5.
19. Lv 19, 18.

l'homme pour le shabbat[20]. » Ensuite, il fait une déclaration claire en ce qui le concerne et en ce qui concerne sa mission lorsqu'il conclut : « *Voilà pourquoi le Fils de l'homme est maître, même du shabbat*[21]. »

L'Écriture transforme notre vie à chaque fois que nous sommes capables de voir au-delà des mots qui se trouvent sur une page. Nous devons persévérer pour dépasser le premier niveau de compréhension, dans lequel nous ne voyons que la surface, pour arriver au deuxième niveau de compréhension, dans lequel nous pouvons voir ce qu'il y a sous la surface. C'est de cette seconde compréhension que nous avons besoin pour dépasser le texte et ainsi percevoir la beauté de l'Écriture. La première approche est de lire seulement les mots écrits sur la page. La seconde est de lire avec les yeux du cœur. À cette profondeur, nous vivons le shabbat non plus comme une œuvre de la Loi, mais comme un ouvrage de beauté qui nous invite à la transformation.

C'est à partir de cette seconde approche que nous devons regarder les diverses apparitions de Jésus Ressuscité dans l'Évangile. D'une part, le Seigneur apparaît comme un homme comme les autres, il marche sur la route d'Emmaüs avec ses disciples. Dans la première partie du trajet, les apôtres restent au niveau de la première compréhension, posant des questions extérieures sur l'interprétation des Écritures, plongés dans leur abattement. Les symboles du pain et du poisson les amènent à un autre niveau où « *le Seigneur s'était fait reconnaître par eux à la fraction du pain*[22] ». On retrouve ce même thème dans l'histoire de Thomas. C'est lorsqu'il s'extrait du doute dans son esprit qu'il touche les plaies de Jésus en disant : « *Mon Seigneur et mon Dieu*[23] *!* »

20. Mc 2, 27.
21. Mc 2, 28.
22. Lc 24, 35.
23. Jn 20, 28.

Au lac de Génésareth, « *au lever du jour, Jésus se tenait sur le rivage, mais les disciples ne savaient pas que c'était lui*[24] ». Ce n'est qu'après que le Seigneur leur dit pour la deuxième fois de se reposer que le disciple bien-aimé le reconnaît : « *Alors, le disciple que Jésus aimait dit à Pierre : "C'est le Seigneur !"*[25]. » C'est pour ainsi dire une reconnaissance intérieure, qui cependant demeure voilée de mystère. Car après qu'ils ont pris du poisson, lorsque Jésus les invite à manger, demeure un sentiment étrange à son égard. « *Aucun des disciples n'osait lui demander : "Qui es-tu ?" Ils savaient que c'était le Seigneur*[26]. » Ils voyaient avec les yeux de la seconde compréhension, et non à partir de l'aspect extérieur du Seigneur. L'œil intérieur de l'amour a ouvert leur cœur à la beauté ressuscitée.

Dans son Exhortation apostolique *Verbum Domini*, le pape émérite Benoît XVI parle des Écritures comme étant une symphonie. Il emploie l'image de la musique, l'harmonie entre les notes comme l'herméneutique, la voie pour rencontrer la beauté dans la Parole de Dieu. Il écrit :

> « La tradition de la pensée chrétienne a su approfondir cet élément-clé de la symphonie de la Parole quand, par exemple, saint Bonaventure qui, avec la grande tradition des Pères grecs, a vu toutes les possibilités de la création dans le Logos, affirme que "toute créature est Parole de Dieu, puisqu'elle proclame Dieu"[27]. »

Le Divin Artiste prononce une parole créatrice qui apporte son énergie à l'univers. La Parole n'est pas là seulement pour être lue, elle est là pour être expérimentée en « *ce que nous avons contemplé et que nos mains ont touché du Verbe de vie, nous vous l'annonçons*[28] ».

---

24. Jn 21, 4.
25. Jn 21, 7.
26. Jn 21, 12.
27. *Verbum Domini*, § 8.
28. 1 Jn 1, 1.

Les Pères de l'Église employaient une magnifique expression pour capter cette réalité, ils parlaient de « parole abrégée ». Jésus est le Verbe fait chair. Dieu, qui a créé les cieux et la terre, est venu sous cette forme pour pouvoir être entendu, vu et senti. Dieu a un visage, on peut le toucher et l'embrasser. Le Verbe s'est « abrégé » afin que l'œil et le cœur de l'homme puissent s'élargir pour embrasser la beauté au-delà de l'imagination. Le ciel est descendu sur la terre pour que l'humanité puisse commencer son chemin vers la beauté éternelle avec Celui qui est la beauté lui-même.

Dans ce contexte, on peut considérer que l'art, la musique et la poésie sont des incarnations abrégées du Verbe éternel. Le pape Jean-Paul II écrivait :

> « L'Église doit en effet rendre perceptible et même, autant que possible, fascinant, le monde de l'esprit, de l'invisible, de Dieu. Elle doit donc traduire en formules significatives ce qui, en soi, est ineffable. Or, l'art a une capacité qui lui est tout à fait propre de saisir l'un ou l'autre aspect du message et de le traduire en couleurs, en formes ou en sons qui renforcent l'intuition de celui qui regarde ou qui écoute[29]. »

Le Christ s'est servi d'images dans sa prédication comme moyen pour attirer chacun vers le transcendant. En bon Juif qu'il était, nous sommes sûrs qu'il priait et chantait les Psaumes. Et les Psaumes sont remplis d'une vaste étendue d'images, de sentiments et d'émotions. Devant tant de beauté, que faire, sinon chanter ? Le Pape dit aussi :

> « D'innombrables croyants ont alimenté leur foi grâce aux mélodies qui ont jailli du cœur d'autres croyants [...]. Par le chant, la foi est expérimentée comme un cri éclatant de joie et d'amour, une attente confiante de l'intervention salvifique de Dieu[30]. »

---

29. *Lettre aux artistes*, § 12.
30. *Lettre aux artistes*, § 12.

Le concile Vatican II a engagé l'Église dans la culture, particulièrement les arts. Le pape Paul VI, dans son message aux artistes[31] sur les marches de la chapelle Sixtine, écrivait : « L'Église espère une nouvelle épiphanie de la beauté dans notre temps et des réponses adaptées aux besoins particuliers de la communauté chrétienne. » Nous sommes invités à trouver Dieu, non pas en nous retirant du monde, mais bien plutôt en nous engageant dans le monde. Voilà la spiritualité qu'il nous faut vivre aujourd'hui. Nous sommes comme les disciples d'Emmaüs en route, qui reconnaissent le Christ dans les Écritures et à la fraction du pain. Il ne suffit pas d'aimer la beauté. Il nous faut la suivre jusqu'au lieu où Dieu réside. C'est là la voie mystique qui renverse les barrières entre les religions, les cultures, les genres et orientations sexuelles pour voir ce Dieu qui voit la beauté de toute création.

3. Artisans de la vie spirituelle

Le saint pape Jean XXIII a ouvert une fenêtre avec le concile Vatican II. Le saint pape Jean-Paul II a ouvert une porte en l'an 2000 au cours du jubilé. Portes et fenêtres se sont ouvertes sur de nouveaux mondes spirituels pour le vingt et unième siècle. Dans la tradition préchrétienne, et à différentes époques même dans la tradition chrétienne, un dualisme séparait le monde de la matière du monde de l'Esprit. Le monde matériel était perçu comme étant inférieur au monde spirituel ; de la sorte, les concepts de beauté et de spiritualité étaient distincts l'un de l'autre de façon explicite. Le corps humain et le monde étaient des entités pécheresses devant être domptées. La vie spirituelle était devenue un champ de bataille où chacun s'affrontait

31. Message aux artistes, 8 décembre 1965.

avec lui-même pour combattre notre nature pécheresse. On pensait que l'on n'atteindrait aux domaines élevés de l'esprit qu'en arrivant à bout de notre nature laide et pécheresse. La sainteté était un état « d'un autre monde » dans lequel on réprimait le corps et on maîtrisait les passions.

Nous voudrions proposer une spiritualité alternative qui célèbre la beauté du monde de Dieu. Le lieu de la vie spirituelle est un monde dans lequel à la fois la théologie, la technologie et la science peuvent interagir harmonieusement. Vivre une vie spirituelle ne signifie pas que nous faisons une expérience passive du Divin, mais bien plutôt que nous accueillons activement l'amour de Dieu. Les mystiques, les artistes et les poètes sont là pour nous enseigner une spiritualité de la beauté. La beauté de l'art monte des coins les plus secrets de l'esprit humain. L'artiste accepte fidèlement la tension de ne pas savoir quel sera le résultat de son travail, car c'est elle qui le ou la guidera vers une œuvre d'art, de poésie, de littérature, de danse et de musique.

L'artiste est un mystique, il vit les tensions que présente le vingt et unième siècle dans une écoute attentive. Comme le prophète Élie qui fuit dans les collines, l'artiste ne trouve pas le Divin dans le bruit, le tremblement de terre ni dans le tonnerre, mais dans le murmure d'une brise légère[32]. L'artiste a comme un sixième sens pour s'entendre, entendre les autres et entendre Dieu. Il a ce que les sages juifs appelaient un *lebh shomea*, un cœur qui écoute.

L'artiste-mystique fouille profondément dans des lieux terrifiants pour mettre la beauté au jour. La peur est souvent notre première réaction devant l'inconnu ou ce qui nous déroute. L'artiste-mystique ne craint pas de suivre la vie. L'artiste est le mystique qui unit les religions et les cultures pour créer un environnement de beauté plutôt que de construire des murs de division.

---

32. 1 R 19, 12.

Le philosophe jésuite canadien Bernard Lonergan, dans un de ses livres, souligne que le souci premier de la plupart des êtres humains est de trouver un sens à leur vie. Aujourd'hui plus que jamais, la palette des choix qui s'offrent à eux est très vaste. Si l'on choisit la voie de la beauté, la vie elle-même peut devenir une œuvre d'art, les peintures et les couleurs lui offrant son sens chaque jour. Poètes, artistes, romanciers, sculpteurs, compositeurs, paroliers, cinéastes, photographes et autres artistes ont une responsabilité toute particulière dans le monde, eux qui se consacrent tout entier à créer des œuvres de beauté. Le philosophe politique écossais du dix-huitième siècle Andrew Fletcher écrivait : « Laissez-moi écrire les chants d'un pays et je ne me soucierai pas de savoir qui écrira ses lois », ce qui nous donne un aperçu de l'importance de l'artiste dans la société. L'art tient sa force de ce que son langage est constitué de symboles faisant appel aux sentiments.

> « Rien de surprenant, écrivait Albert Camus, à ce que les artistes et les intellectuels aient été les premières victimes des tyrannies des temps modernes, qu'elles soient de droite ou de gauche. Les tyrans savent quelle force d'émancipation on puise dans une œuvre d'art. »

L'art attire l'être humain vers des sommets de plus en plus élevés. La beauté de l'art est notre unique espérance dans un monde qui préfère tout ce qui est pratique et productif à la poésie.

4. La structure de la beauté

L'esthétisme d'un Hans Urs von Balthasar donne sa structure à la spiritualité de la beauté[33]. Sa théologie est

---

33. Hans Urs von Balthasar, *La Gloire et la Croix : aspects esthétiques de la Révélation*, éd. Aubier, 1975.

une théologie à genoux. Il donne ses bases théologiques à la poésie de Gerard Manley Hopkins[34], selon laquelle « le monde est chargé de la grandeur de Dieu ». Balthasar croyait qu'il existe un lien indéfectible entre Dieu et le monde. Le monde est le lieu où Dieu rencontre l'être humain et où l'être humain rencontre le Divin. Balthasar dénonçait le fait que nous avons perdu de vue l'attribut de la beauté dans la description du Dieu unique – bon, beau et vrai. Son but était de rendre la beauté à la spiritualité.

Balthasar considérait le monde comment étant la forme dont Dieu se sert pour se manifester et le lieu où nous sommes invités dans la beauté de la présence de Dieu. Il unissait foi et esthétique comme étant le lieu permettant de toucher l'être humain de la tête au cœur ; il enseignait que la foi est un préalable pour appréhender de façon juste la forme de la Révélation de Dieu ainsi que l'acte par lequel l'événement lui-même se donne à voir. La beauté commence avec la Révélation de Dieu dans l'Écriture, qui est le monde. Balthasar formule ses aspects esthétiques sur l'absolue gratuité de la grâce. La théologie dans son ensemble est une poursuite de la beauté et ses écrits tentent de saisir l'expérience de la beauté. Balthasar met sur un même pied la foi et une reconnaissance esthétique qui permettrait de découvrir Dieu en écoutant ce qu'Il a créé.

Les Pères du Concile ont partagé ce point de vue dans la *Constitution sur l'Église dans le monde de ce temps*, déclarant que « à leur manière aussi, la littérature et les arts ont, chacun à sa façon, une grande importance dans la vie de l'Église » et affirmant que l'art seul permet d'illustrer et de clarifier les aspects de la condition humaine, de sorte que « la gloire de Dieu éclate davantage ; la prédication de l'Évangile devient plus transparente à l'intelligence des hommes et apparaît comme connaturelle à leurs

34. Prêtre jésuite et poète anglais de grand renom, mort en 1889.

conditions d'existence[35] ». La beauté ancre l'être humain dans la transcendance, dans un monde en évolution et des cultures en mutation. Le Concile l'a reconnu en déclarant : « Il faut faire en sorte que les nouvelles formes d'art qui conviennent à nos contemporains, selon le génie des diverses nations et régions, soient aussi reconnues par l'Église[36]. »

Le but du cadre de Balthasar et des pères conciliaires était de faire de l'art un tremplin pour revenir, du monde, à Dieu. Le modèle traditionnel du parcours mystique est la doctrine des trois voies : purgative, illuminative et unitive. La voie purgative consiste dans le fait de choisir de se détourner du péché et de croire à la Bonne Nouvelle. Elle permet de conduire l'individu sur le chemin long et ardu de l'illumination, qui est l'accueil progressif de la lumière qui découle d'une vie vertueuse, le but ultime étant d'être uni à la source de notre être, le centre de toute beauté.

Dans la construction de Balthasar, les trois voies sont dynamiques et cycliques, davantage que statiques et hiérarchiques. Je me permettrai d'adapter son interprétation de la doctrine des trois voies pour créer un modèle susceptible de développer et recevoir la beauté. Dans ce cadre, la douleur de la souffrance purgative est de s'extraire de la culture pour la restaurer à la beauté. On est illuminé par la beauté qui devient la porte d'entrée de la lumière. On ne sera uni au Divin que dans une solidarité avec la beauté créée par nos frères artistes et artisans.

Saint Basile parle de la dynamique de la beauté et de la divine grâce dans son *Homélie sur le Psaume 29* : « Car j'étais beau selon la nature, mais faible parce que j'étais mort au péché par le mensonge du serpent… Toute âme est belle, lorsqu'on la considère selon la norme de sa propre

35. *Gaudium et Spes*, § 62, 5.
36. *Op. cit.*, § 62, 4.

vertu. » Aux yeux de l'Artisan divin, la beauté de la personne humaine ne peut se perdre ; elle est simplement cachée par les mauvais choix que l'on peut poser. Le chemin de la purgation vers la solidarité est un chemin de la beauté vers la beauté. Notre beauté est cachée par le péché, mais par la grâce, elle se révèle petit à petit et est restaurée. La structure de ce chemin vers la beauté est sacramentelle car Dieu est le début, le milieu et la fin du chemin.

5. Trouver son nom dans la grâce

Nous avons été créés par et pour Celui qui est « toujours ancien et toujours nouveau ». Saint Augustin écrit : « Nos cœurs sont sans repos tant qu'ils ne reposent en Dieu. » Il y a six cents ans, l'impatience des chrétiens les a conduits dans le désert d'Égypte où ils se débattirent contre l'agitation inhérente à la nature humaine. Lorsqu'ils travaillaient, ils se sentaient attirés vers la prière ; lorsqu'ils priaient, ils se sentaient appelés au travail ; lorsqu'ils s'installaient dans un monastère, ils commençaient à se dire qu'ils ne vivraient une vie spirituelle authentique qu'en s'installant de l'autre côté de la route. Cette impatience se manifestant au plus haut de la journée, on finit par la nommer le « démon de midi ». Le défi était de rester malgré la tension et de lutter contre l'impatience.

L'art, la musique et la littérature peuvent nous guérir et nous revivifier lorsque nous luttons contre les démons au soleil de midi. La beauté nous enracine dans ces lieux où le démon de la déception nous a divisés. Le terme *Satan* en hébreu est utilisé pour désigner ce qui divise et nous sépare de la beauté. C'est la beauté qui nous ramène au cœur de notre identité. Comme Jacob dans son combat avec l'ange, nous découvrons qui nous sommes en accueillant notre impatience. Nous découvrons notre nom dans le cœur de Dieu et la seule dimension de beauté qui se reflète dans le nom que Dieu nous a donné. Dans son poème « The naming of cats[37] », T. S. Eliot se sert de l'image des chats pour décrire comment calmer l'impatience qui surgit lorsqu'on cherche qui on est et comment on se nomme. Utilisant les trois sortes de noms dont un chat a besoin (nom de famille, nom de cérémonie et, enfin, son vrai nom), le rythme des mots change et passe de l'agitation de la tempête à une mer calme. En des termes simples, le poète exprime la beauté que l'on laisse apparaître lorsqu'on découvre le nom que le Seigneur nous a donné.

Ce nom est magnifique, mais notre ego nous a renommés depuis longtemps. Combattre contre le démon de midi, c'est combattre contre notre ego. Si vous laissez la beauté gagner la bataille, elle pourra vous révéler qui vous êtes vraiment dans le cœur et l'esprit de Dieu. La passion qui surgit au cœur du combat fera apparaître à la surface tous nos désirs, les bons comme les mauvais. Qu'est-ce qui vous fait avancer ? Quels sont vos désirs ? Une fois que vous aurez découvert votre nom, vous pourrez prendre des décisions de façon très naturelle. Vous choisirez ce qui correspond à votre nom. Nous sommes des œuvres d'art, des sacrements de la beauté de Dieu. Comme dans le cas du poème d'Eliot, une belle et joyeuse célébration sacramentelle parlera bien davantage de la beauté que toute description de son fondement historique, car elle permettra que la beauté de l'expérience transforme et redonne vie à l'esprit humain. Le nom que nous avons reçu de Dieu, et que nous découvrons par la grâce, est notre offre sacramentelle de beauté au monde.

Dans sa *Lettre aux Artistes*, saint Jean-Paul II priait ainsi :

> « Puissent vos multiples chemins, artistes du monde, vous conduire tous à l'Océan infini de beauté où l'émerveillement devient admiration, ivresse, joie indicible ! Puissiez-vous être

37. NdT : « L'attribution du nom des chats ».

orientés et inspirés par le mystère du Christ ressuscité, que l'Église contemple joyeusement ces jours-ci[38] ! »

Il vous révélera votre nom. Comme pour les chats d'Eliot, la contemplation nous ouvrira à l'Éternel et nous reposerons en son amour.

6. Art et contemplation

La prière est un art ; l'art est une prière. Tous deux sont une expression créatrice permettant de communiquer. L'art et la prière sont des expressions créatrices qui se manifestent dans une louange joyeuse et une humble supplication. Élevons en même temps notre cœur et notre esprit vers le Seigneur. La communication entre l'artiste et celui qui contemple son œuvre est permise par Dieu, c'est Lui qui permet la rencontre.

Art et prière ont été liés dès le commencement : les premières images peintes dans les grottes pouvaient être, soit une supplication avant la chasse, soit de la gratitude pour les fruits d'une bonne chasse. L'art est une forme de prière qui embrasse toute la création de Dieu. Ce n'est pas un hasard si le chant des oiseaux, le parfum des fleurs et les couleurs de l'arc-en-ciel touchent l'âme humaine. Dieu nous a créés pour la beauté. On pourrait même dire que nous sommes programmés pour apprécier le beau. La beauté est pratique, elle est concrète et attire l'attention. Dieu nous donne la beauté pour nous apprendre à prier. Le Seigneur usait d'images dans sa prédication comme d'un miroir devant nous. Les images récapitulent toute l'étendue des sentiments contenus dans le cœur humain. L'art nous apprend à respecter chaque sentiment et à demeurer avec nos sentiments qui deviennent la pâte dont naîtra la beauté de notre prière.

38. *Lettre aux Artistes, op. cit.* § 16.

L'art est un moyen d'exprimer notre foi. On en voit une excellente illustration dans le tableau *Autoportrait en Apôtre Paul* de Rembrandt. Contemplez longuement le tableau, entrez dans la prière de l'artiste, dans sa méditation des enseignements de saint Paul sur la foi et la suffisance de la grâce ; la grâce est centrale dans les écrits de saint Paul. Le *Journal d'un curé de campagne*[39] l'illustre bien, qui reprend cette simple expression : « Tout est grâce ». Rembrandt se sert de la lumière, éclairant le bout de son nez sur le tableau, pour manifester un lien visuel avec la grâce. Le fruit de la prière de Rembrandt est son identification à saint Paul. Le ton de l'œuvre semble suggérer que Rembrandt est en prison avec ou à la place de saint Paul. C'est le jeu des couleurs entre les ténèbres et la lumière qui démontre la théologie de la grâce. C'est la lumière qui découvre les ténèbres de l'espace. Rembrandt communique par là son expérience de Dieu à travers la peinture et celui qui contemple l'œuvre entraperçoit le cœur de Rembrandt et son vrai nom. Il est invité à faire cette expérience sans s'arrêter là. Le tableau devient un tremplin pour qu'il entre encore plus profondément dans le cœur de Dieu.

Le génie de l'artiste est qu'il trouve son nom dans la grâce en laissant saint Paul le guider à l'intérieur de lui-même. La tension entre la lumière et les ténèbres dans le tableau reflète le combat de Paul : « *Vraiment ce que je fais, je ne le comprends pas : car je ne fais pas ce que je veux, mais je fais ce que je hais*[40]. » Saint Paul parlera plus tard d'« *une écharde… dans la chair* » et il suppliera le Seigneur d'écarter de lui tension et ténèbres[41]. Le Seigneur lui laissera cette phrase magnifique : « *Ma grâce te suffit, car ma puissance donne toute sa mesure dans la faiblesse*[42]. » Rembrandt nous partage le fruit de sa

39. *Journal d'un curé de campagne*, G. Bernanos, Pocket, 2002.

40. Rm 7, 15.

41. 2 Co 12, 7-8.

42. 2 Co 12, 9.

contemplation et de sa prière. Il a accueilli la grâce de Dieu dans ses combats. Rien ne change et tout change. Tout est grâce. Dieu nous a offert la beauté qui nous permet de vivre avec cette tension entre la lumière et les ténèbres.

Dans son tableau du *Retour du Fils Prodigue*, Rembrandt développe un thème semblable. Rembrandt y est à la fois le fils aîné et le fils cadet, le vrai soi se battant contre le faux soi. On retrouve l'obscurité illustrant son *Autoportrait* dans le côté sombre de l'œuvre sur le *Fils Prodigue*, où le fils aîné est représenté. Nous y découvrons les ombres auxquelles nous conduit le ressentiment humain. Le déplacement vers la lumière se fait grâce au plus jeune fils. Une transformation s'opère dans le combat et le vrai soi émerge dans le fils cadet par les mains de Dieu qui est à la fois père et mère pour lui.

Le principal but de l'œuvre est de nous apprendre à contempler la beauté de Dieu. La prière est l'instrument nous ramenant, à travers notre condition humaine pécheresse, à la présence de Dieu qui guérit. La prière ne crée pas l'art en changeant les circonstances, mais en changeant les perspectives. Le changement réside dans la façon dont le fils cadet voit Dieu. Les deux mains représentées sur le tableau sont différentes : l'une est celle d'un homme, l'autre celle d'une femme. Le fils cadet découvre son être véritable dans un Dieu si beau que rien ne peut l'exprimer. Dieu est le Prodigue dans le don de sa grâce qui élève notre âme et notre cœur à une extase de beauté.

7. La beauté changera le monde

Jésus est venu nous montrer le chemin vers le Père et nous apprendre comment vivre dans ce monde. Ses métaphores en paroles et en actes avaient pour but de transformer nos cœurs de pierre en cœurs de chair. Appelant chacun à sortir de son contexte religieux familier pour le contexte de la vie, il invitait à goûter, sentir, toucher. Artiste, Jésus nous a appris à voir avec nos yeux et notre intelligence.

Certains psychologues affirment que l'esprit cesse plus rapidement d'entendre que de voir et que les étudiants retiennent de l'enseignement deux fois plus ce qu'ils voient que ce qu'ils entendent. Carl Jung en conclut que, dans la vie humaine, les représentations marquent davantage que les concepts, et durent plus longtemps. Lorsque le sculpteur ou l'artiste apporte couleurs, lignes, texture, la théologie devient la vraie vie. La foi n'est plus alors seulement la définition d'une croyance que l'on doit défendre, mais l'inspiration d'une œuvre belle. La beauté a le pouvoir de transformer la société fragmentée dans laquelle nous vivons. Nous demeurons comme dans une Tour de Babel de tribus antagonistes, de tribus qui ne parlent que la langue de leur race, de leur classe, de leurs droits, de leurs idéologies. La beauté transforme en parlant la langue de l'amour et de l'unité.

Le rôle de la beauté dans nos vies est de nous aider à trouver réconciliation et rédemption au cœur même du monde. Nous, chrétiens, nous vivons à l'intérieur de notre culture et nous sommes incapables de nous en extraire. L'artiste, lui, rejoint la culture pour la voir à la lumière de l'Évangile. Le Christ a rencontré personnellement l'humanité des publicains, des collecteurs d'impôts, des prostituées pour les inviter à découvrir la beauté du salut. À sa suite, les vrais artistes dépeignent pleinement la condition humaine pour conduire ceux qui contempleront leurs œuvres au salut. L'artiste doit être assez affermi dans sa foi pour pouvoir explorer ce que signifie être humain. C'est au cœur de l'humanisme chrétien qu'existe le défi d'arriver à une synthèse entre la condition du monde autour de nous et les voies uniques sur lesquelles la grâce peut parler à cette condition.

Dans sa célèbre « Série de Peupliers », Monet a peint vingt-trois représentations d'une même rangée de peupliers sur plusieurs mois, se dépêchant de finir sa série avant que les arbres ne soient abattus. Cherchant à capter la lumière à un moment précis et différent pour chaque toile, il n'avait parfois que quelques minutes pour terminer son ouvrage avant que la lumière ne change. Si l'on contemple l'œuvre avec les yeux de l'artiste, la beauté de la lumière du soir tombant sur des feuilles aux couleurs changeantes nous rappelle que la beauté de Dieu est infinie. De la même façon, lorsque l'on contemple la beauté des trois branches capturée par le photographe Ansel Adams[43] dans son *Chêne*[44], le lever de soleil est transfiguré par la beauté de la création divine et est étonnamment plein de couleurs sur la photographie en noir et blanc.

L'Incarnation nous défie de vivre en portant en nous à la fois le divin et l'humain. Voilà ce qu'est exactement la dimension artistique de la vie sociale : embrasser l'humain en gardant les yeux fixés sur le divin. Il nous faut beaucoup d'imagination créatrice pour y parvenir. L'imagination est l'attitude contemplative envers la vie qui nous conduit à l'amour de ce qui est bon, beau et vrai.

Le Caire est probablement le lieu le plus peuplé que j'ai jamais visité. Mokattam, l'un des quartiers les plus pauvres, abrite des milliers de chiffonniers qui, toute la journée, ramassent des ordures en ville, les y rapportent pour les trier et voir s'ils peuvent en tirer quelque chose de bon. La ville est sale, nauséabonde, déprimante. On n'y trouve rien de beau. Il existe cependant des montagnes surplombant la ville et un artiste a passé des années à couvrir les falaises d'images du Christ en gloire. Tous peuvent donc, par-delà les ordures, contempler le Christ transfiguré magnifiquement dépeint. Ces images crient que les habitants de Mokattam, tout pauvres soient-ils, ne sont pas du rebut, mais bien plutôt les enfants de Dieu, créés à l'image de Dieu. Ils ne sont

43. Célèbre photographe américain, mort en 1984.

44. Toile réalisée au parc national de Yosemite, USA, lors d'une tempête de neige en 1948.

pas seulement citoyens de Mokattam, ils sont citoyens du Royaume, destinés à la gloire. Voilà comment une simple illustration peut être l'expression extraordinaire de la façon dont la beauté transforme notre vision du monde sans paroles et redonne l'espérance de la transformation sociale à venir qui nous est promise par Celui qui est l'Alpha et l'Oméga, le Commencement et la Fin, et tout ce qui est beau, bon et vrai.

8. Pour continuer sur la voie de la beauté

1. Il existe plusieurs définitions et compréhensions possibles des mots spiritualité et beauté, et en les employant, chacun y voit un sens différent. Qu'en pensez-vous ? Comment définissez-vous le mot spiritualité ? Qu'est-ce que la beauté signifie pour vous ? Vous pourriez lire avec profit la *Lettre aux Artistes* du saint pape Jean-Paul II. Ses réflexions sur la beauté et la spiritualité vous aideront sur ce chemin et orienteront différemment votre pensée sur la relation entre beauté et spiritualité.

2. Le pape émérite Benoît XVI aime les arts. Au cours d'une de ses audiences, parlant de l'art et la prière[45], il encourage ainsi ses auditeurs : « Que la visite aux lieux d'art ne soit alors pas uniquement une occasion d'enrichissement culturel, mais qu'elle puisse devenir surtout un moment de grâce, d'encouragement pour renforcer notre lien et notre dialogue avec le Seigneur, pour nous arrêter et contempler – dans le passage de la simple réalité extérieure à la réalité plus profonde qu'elle exprime – le rayon de beauté qui nous touche, qui nous "blesse" presque au plus profond de notre être et nous invite à nous élever vers Dieu. » Allez faire un pèlerinage dans une église, une galerie d'art, un

45. 31 août 2011.

musée inconnu. Choisissez et retenez quelque chose qui attire votre attention et restez là aussi longtemps que vous pouvez. Achevez ce temps de contemplation par une prière de louange et d'action de grâce pour cette œuvre de beauté inspirée par Dieu, source de toute beauté.

3. Considérez les Écritures comme une invitation à contempler la beauté de Dieu dans l'écrit. Priez avec le passage de Jean 21, 4-14. Lisez ce passage à haute voix, puis restez en silence pendant dix minutes pour vous en imprégner. Laissez monter les images dans votre esprit comme elles viennent. Relisez le passage de l'Évangile et concluez par quelques minutes de prière d'action de grâce.

4. Contemplez le tableau de Rembrandt : *Autoportrait en Apôtre Paul* et voyez la façon dont le maître utilise les ombres et la lumière comme technique pour exprimer l'expérience de la grâce dans la vie de saint Paul et dans sa propre vie. Cette toile change-t-elle votre façon de voir saint Paul ? Est-ce qu'elle vous parle, est-ce qu'elle vous renvoie à votre expérience de la grâce de Dieu dans votre vie ?

Chapitre II

La beauté du moment présent

Un des grands défis de notre culture qui change si rapidement est de vivre dans l'instant présent. J'irai pourtant jusqu'à dire que c'est quasiment impossible. Nous essayons toujours d'en fourrer le plus possible dans nos vingt-quatre heures chargées déjà d'emplois du temps irréalisables. Nous nous trouvons souvent à planifier le moment ou le jour d'après, plutôt que de vivre l'instant présent.

L'image de Jésus sur la Croix, entouré des deux larrons, est un symbole de ce que signifie vivre l'instant présent. Un des larrons était le voleur d'hier, l'autre celui de demain. Dieu est éternel et transcende le temps. La beauté de Dieu ne se limite pas au passé. Dieu ne se définit pas dans les Écritures comme : « J'étais celui qui était. » Le passé est fini, il nous faut cesser d'espérer un meilleur passé et nous tourner résolument vers le présent à vivre. Dieu ne se définit pas non plus comme : « Je serai celui que je serai. » La beauté de Dieu ne se limite pas à l'avenir. Lorsque nous vivons dans l'avenir, nous sommes motivés par un désir de tout contrôler. Dieu lui-même prendra soin de l'avenir quand l'avenir sera devenu présent, ce n'est pas à nous de contrôler quoi que ce soit.

Le Dieu de la Révélation se définit ainsi : « *Je suis celui qui suis*[46]. » Dieu est le Dieu de l'instant présent. L'essence même de la spiritualité de la beauté est d'embrasser chaque instant. Voyez la beauté de la nature ; la beauté spectaculaire d'un coucher de soleil, d'un arc-en-ciel, est passagère et ne se contemple qu'un fugitif instant. Laissez-vous distraire par vos pensées et vous ratez tout. Essayez par contre de mettre un cadre photo autour de ce spectacle, c'est ce que font les artistes, poètes et écrivains. Ils encadrent l'instant et laissent la beauté de Dieu imprimer la trame de leur vie. Tout ce dont nous avons besoin, tout ce dont nous pourrions rêver, se trouve dans l'instant présent. La joie, la paix du cœur, la guérison sont là, dans cet instant où nous sommes invités dans le cœur de Dieu.

N'est-ce pas intéressant de voir ce phénomène de notre société qui, en dépit de tous ses succès et avancées matériels, ne rend pas les gens heureux ? De nombreuses études psychologiques montrent combien notre culture actuelle est dépressive. Pourquoi donc ? Parce que nous choisissons de vivre la vie sur la « voie express » plutôt que d'emprunter la voie que Jésus nous enseigne à travers les Béatitudes. La voie rapide de notre culture contemporaine est souvent un pont ne conduisant nulle part ; la beauté sur cette voie-là se définit davantage par des modes extérieures que par des vérités éternelles. Si on préfère – à la vision du Nouveau Testament – se concentrer sur les dernières tendances, on développe en soi un narcissisme qui est loin d'être beau.

Thomas Friedman[47] se penche sur ce phénomène dans son livre *The Lexus and the Olive Tree*[48] où il affirme que le monde

46. Ex 3, 14.

47. Journaliste américain et éditorialiste au *New York Times*.

48. NdT : *La Lexus et l'olivier*. Livre non traduit en français, publié aux USA par Farrar, 1999.

tel que nous le connaissons n'a que dix ans. Notre monde a été mis sens dessus dessous à cause d'avancées monumentales au plan technologique, qui ont fait surgir la mondialisation. Se servant de l'image du lutteur de sumo japonais de la période de la Guerre froide, il explique comment les États-Unis et l'Union Soviétique se sont affrontés dans un match tandis que le reste du monde leur servait de public. Avec la chute du Mur de Berlin en 1989, le monde est entré dans une nouvelle phase de développement. L'image des deux lutteurs de sumo est alors remplacée par celle des nombreux coureurs d'un cent mètres. La base de pouvoir s'est étendue car chacun aujourd'hui a accès à la même information. De nouveaux lieux de communication ont révolutionné notre monde, il n'y a plus de repos, car la course redémarre chaque jour. Le fait que vous ayez gagné hier ne signifie pas grand-chose, puisque la course recommence chaque jour. Le tempo du cent mètres est frénétique et tendu puisqu'il est motivé par la compétition. L'essence même de la compétition est de piétiner l'autre. Dieu ne réside pas en ce lieu. Friedman souligne que, bombardés d'informations comme nous le sommes dans le monde aujourd'hui, il est inévitable que bien des petits détails soient oubliés. Dans toute cette débauche de bruit et d'information, il n'y a qu'une seule chose sur laquelle se concentrer ; Friedman déclare ceci : « Si nous oublions à qui nous appartenons et si nous oublions qu'il y a un Dieu, nous allons perdre quelque chose de profondément humain. »

« *Quel avantage, en effet, un homme a-t-il à gagner le monde entier si c'est au prix de sa vie*[49] *?* » Dans ce monde au rythme fou où nous vivons, nous risquons de passer à côté de ce qui est important. Si on choisit de vivre dans une vallée d'oubli, l'instant présent n'a aucune valeur. Bien que l'image de Dieu soit imprimée en nous de façon indélébile, notre ressemblance avec Dieu s'amenuise lorsque nous empêchons

49. Mc 8, 36.

l'humanité de se concentrer sur la course. Les anthropologues croient que ce qui distingue l'être humain du monde animal dans le livre de la Genèse est la capacité qu'il a de choisir de se reposer le septième jour. Pour le monde animal, pas de shabbat, chaque jour est semblable. Si nous choisissons de vivre ainsi, nous choisissons d'être moins que des hommes, nous oublions qui nous sommes et la raison pour laquelle nous avons été créés pour vivre dans ce monde.

C'est la raison pour laquelle l'observance du shabbat ne fait pas que définir notre humanité, mais constitue également une alternative à la culture dominante. Dans la stricte observance, le shabbat juif commence le vendredi soir. Ce choix conscient est sagesse, qui est empreint de vérité psychologique tout autant que physique. Prenons l'analogie avec une voiture. Une fois le contact coupé, le moteur a besoin de temps pour refroidir. Il est presque ou même tout-à-fait impossible de couper le contact de notre laborieuse semaine pour entrer dans le repos du shabbat. C'est un trop grand choc pour notre système, physiquement et spirituellement. Ce n'est que lorsque nous nous sommes arrêtés le vendredi soir que nous sommes prêts à démarrer le shabbat le samedi. Le shabbat nous offre un mode de vie alternatif, qui est de pouvoir s'arrêter pour savourer chaque instant. C'est dans l'instant que les énergies créatrices commencent à surgir et le shabbat rajeunit l'artiste qui est en nous.

Le shabbat juif n'est pas une fin en soi, il n'est qu'une porte d'entrée à une conscience renouvelée de la force de la beauté qui débordera en une nouvelle semaine. L'énergie nouvelle du shabbat est donnée par le Créateur, Dieu notre Créateur et créateur du rythme du shabbat. Ce qui ne signifie pas que nous avons à cesser de travailler, mais que chacun de nos actes devient l'expression de la beauté. La beauté définit bien ce qu'être humain signifie. Le shabbat nous conduit à la beauté et nous rend beaux. C'est le shabbat qui nous relie à Dieu, qui a dressé une tente en cet instant présent.

Voilà la raison pour laquelle il nous est commandé : « *Souviens-toi du jour du shabbat pour le sanctifier*[50]. » L'Artisan divin nous a façonné un mode de vie composé de six jours de travail suivis d'un septième jour de repos. Les Églises orientales reconnaissent la beauté inhérente à l'observance du rythme de Dieu en employant le mot « danse » pour décrire ce que Dieu fait. Elles ne disent pas que Dieu *a créé* le monde, mais que Dieu *a dansé* dans le monde. Si nous laissons Dieu mener la danse, nous parcourrons l'univers sans aucun obstacle, avec grâce et dans la joie. La beauté de Dieu souffle dans le vent, nous n'avons plus qu'à déployer nos voiles. Si nous dansons la danse de Dieu, nous jouirons de l'instant présent et nous nous laisserons embrasser par la chaleur de cet instant.

1. *L'art comme porte d'entrée dans l'instant présent*

Dieu danse au cœur du chaos de ce monde et crée des choses magnifiques. Le livre de la Genèse décrit un Dieu qui se déplace avec grâce dans le cosmos, apportant harmonie et symétrie. Les scientifiques soulignent que le mouvement est le premier langage que l'homme apprend dans le sein de sa mère. Dans les premiers instants de la vie, nos découvertes se font par le goût, le toucher, l'odorat et le mouvement. Nous pouvons tendre la main vers le Seigneur et les autres êtres humains parce que Dieu nous a donné un corps. Christ s'est fait homme et a agi comme un homme. « *Le Fils de l'homme est venu ; il mange et il boit, et l'on dit : "Voilà un* […] *ami des publicains et des pécheurs"*[51]. »

Vivre l'instant présent signifie danser dans l'univers, sentir la brise du vent, la chaleur du soleil et la douceur de

50. Ex 20, 8.
51. Mt 11, 19.

l'air la nuit. Une de mes amies a mis à sa porte un panneau qui lui rappelle chaque jour que « la vie ne consiste pas à attendre que l'orage passe, mais à apprendre à danser sous la pluie ». La beauté nous pousse à nous réveiller et à être attentifs. Les saints et les poètes l'ont bien compris, parmi lesquels le poète indien Kabir qui nous presse : « Réveille-toi !... Lève-toi et va marcher sous la pluie ! » Nous devons parcourir le monde dans lequel nous vivons. De la même façon, la poésie de Maya Angelou[52] est pleine de passion pour la vie et sa beauté sous toutes ses formes. Dans un de ses poèmes, elle parle du don que représente chaque jour nouveau et nous encourage à voir chaque matin comme un nouveau commencement, face à un horizon sans fin.

Les poètes ont l'intuition de la promesse de Jésus : *« Moi, je suis venu pour qu'ils aient la vie, la vie en abondance*[53]. » Que vous dormiez ou n'y prêtiez pas attention, la vie avance, quoi que vous fassiez. Notre premier mouvement peut être d'éviter le silence et les espaces vides où la beauté cachée est enterrée. Ne vous y fiez pas. Saint Ignace de Loyola nous avertit sagement qu'une satisfaction immédiate finit par décevoir, alors qu'une déception immédiate peut se révéler satisfaisante. Réflexion et ouverture à la beauté de chaque instant pavent le chemin qui mène à la paix et à l'accomplissement de nos rêves les plus authentiques.

Dans leur livre *The addictive organization*[54], les auteurs expliquent combien la culture américaine a toutes les caractéristiques d'une personnalité dépendante. Elles croient que nous sommes collectivement compulsifs et dans le déni, ce qui nous détourne de l'instant présent en nous plaçant sans

---

52. Poétesse, écrivaine, actrice et militante afro-américaine morte en 2014. Son poème « On the pulse of morning » (*Au rythme du matin*) est bien connu, elle le lut lors de l'intronisation du président Clinton.

53. Jn 10, 10.

54. NdT : *L'organisation de dépendance.* Livre non traduit en français, publié aux USA par Harper One, 1990.

cesse dans le passé ou l'avenir. Le défaut de cette dynamique est qu'elle dilue la contemplation. Si nous sommes réfléchis, nous choisirons ce que nous faisons plutôt que de nous laisser entraîner dans une activité frénétique. Si nous en sommes conscients, nous saurons d'instinct que nous ne pouvons rien faire sans l'aide de Dieu et l'assistance des autres. La prière qui suit immédiatement le Notre Père au cours de la liturgie demande que nous soyons délivrés de nos compulsions.

> « Délivre-nous, Seigneur, de tout mal et donne la paix
> à notre temps,
> Par ta miséricorde, libère-nous du péché,
> Rassure-nous devant les épreuves
> en cette vie où nous espérons le bonheur que tu promets
> et l'avènement de Jésus-Christ notre Sauveur. »

Le mot « mal » n'est pas employé ici au sens moral strict, mais a plutôt la connotation d'une plus large description du mal. Dans le contexte spécifique d'une spiritualité de la beauté, le mal consiste à détourner l'être de la beauté de l'instant présent. Une personne sage me disait un jour : « L'Écriture dit qu'on devrait prier sans cesse et si on ne prie pas sans cesse, on doit au moins prier de temps en temps. » Je lui ai alors demandé : « Comment y arrives-tu, toi ? » Il me répondit : « Quand je me lève chaque matin, je prends un temps pour prier ». « Combien de temps ? » « Aussi longtemps qu'il me faut pour être bien concentré. » « Et le reste de la journée ? » « C'est bien simple, chaque fois que je perds mon centre à cause de ma dépendance à la compulsivité et du déni, je reviens à l'instant présent pour me recentrer sur l'amour de Dieu. »

Notre culture nous pousse à aimer prendre et faire des réserves. Prendre est une distraction qui nous détourne de l'instant présent, nous plaçant dans un narcissisme qui croit que tout tourne autour de nos besoins et de nos désirs ; quant aux réserves que nous faisons, elles centrent notre attention sur l'avenir. C'est lorsque nous revenons à l'instant présent que nous réintégrons le lieu où Dieu règne et que nous pouvons boire à la fontaine de la beauté de Dieu. Si nous vivons dans l'instant présent, nos cœurs seront débordants de gratitude. Vivre de cette façon nous conduit en un lieu où, au lieu de prendre et d'entasser, nous apprenons à chérir et à regarder. La vie tout entière devient une œuvre d'art. Manger une pomme, par exemple, devient une occasion de respect pour le cadeau de beauté qu'elle représente. Vu de cette façon, non seulement notre corps sera-t-il nourri, mais notre esprit sera vivifié.

Nos « to do lists[55] » bourrent nos journées et bloquent chaque instant. Un de mes amis raffole des listes de choses à faire chaque jour ; en conséquence, le soir, il barre ce qu'il a fait, ce qui lui donne un sentiment d'accompli et d'achevé, et il ajoute ce qu'il a pu faire dans la journée et qui n'aurait pas été inclus dans sa liste. Son accompagnateur spirituel lui a conseillé de modifier sa façon de faire en lui suggérant de présenter sa liste le matin au Seigneur, en lui demandant de lui accorder la grâce de vivre de manière authentique chaque instant du jour qui commence. Si la liste était longue, il lui a suggéré de demander la grâce d'accomplir la première tâche le plus lentement possible pour commencer sa journée calmement et non sur les chapeaux de roue. Il a ajouté qu'il serait bon qu'il relise sa liste en demandant au Seigneur si elle ne contient pas quelque chose qui ne serait pas de lui. Et si c'était le cas, de demander la grâce de ne pas l'accomplir. En d'autres termes, son accompagnateur l'a invité à se réjouir de ce qu'il *faisait* et non simplement de ce qu'il *avait fait*.

2. Les yeux de la foi

Jean-Pierre de Caussade, dans son petit classique *L'abandon à la Divine Providence*[56], écrivait :

55. NdT : anglicisme désignant une liste des choses à faire.
56. J.-P. de Caussade, *L'Abandon à la Divine Providence*, DDB, 2006.

> « La foi voit que Jésus vit en tout et œuvre tout au long de l'histoire jusqu'à la fin des temps. C'est la foi qui nous interprète le Seigneur… Se satisfaire dans l'instant présent consiste à savourer et à adorer la volonté divine agissant à travers tout ce que nous avons à faire. »

C'est Caussade qui a inventé cette expression du « sacrement de l'instant présent ». La foi réveille une conscience qui voit le monde à travers un regard nouveau. Un scientifique regarde l'eau et y voit H_2O. Saint François d'Assise, regardant la même eau, y verra, lui, « notre Sœur l'eau ». Plusieurs personnes assistant au même événement en auront une expérience différente. Le marié et la mariée vivent certainement dans l'église une autre expérience que le sacristain qui – au fond de l'église – attend de savoir quand la célébration sera terminée pour pouvoir commencer le ménage. Une personne verra dans une rue passante la poussière et le bruit, quand une autre ne verra que le sourire sur un visage et entendra les oiseaux gazouiller. La foi ouvre les yeux sur l'instant présent et prépare le cœur à avancer en eaux profondes.

Marie est notre modèle, elle nous enseigne comment embrasser l'instant avec les yeux de la foi. Lorsque nous chantons le *Stabat Mater*, ce moment où Marie se tint au pied de la Croix, nous la voyons tenir ferme dans son engagement à être là, dans l'instant. Au pied de la Croix, elle lève les yeux et voit quelque chose qui lui donne le courage de rester, alors que tout le monde s'en va. Elle ne résiste pas à l'expérience du moment, qui la conduit à sentir la douleur du Christ Crucifié et à voir la beauté qui se révèle au travers de la souffrance. La foi soutient notre vie et nous donne le courage de rester là où la vie a lieu.

Dans leurs toiles, Dürer, Le Titien, Le Greco peignent tous Marie comme celle qui se tient au centre, à la Pentecôte, recevant l'Esprit Saint. Marie, restée fidèle à la souffrance au pied de la Croix, est remplie de joie au moment où elle goûte les fruits de la Résurrection. L'instant présent devient un espace sacré où le Dieu vivant demeure ; nous apprenons à aimer l'instant présent par la foi. Les deux ennemis de la foi sont la peur et la circonspection. La peur nous bloque en nous empêchant de vivre et nous interdit d'aller où l'Esprit veut nous conduire.

Henry Ossawa Tanner[57] saisit magnifiquement cette dynamique dans son tableau intitulé *L'Annonciation*. Il peint Marie en jeune femme du Moyen-Orient, assise au bord de son lit, se tordant les mains, submergée par la peur et la perplexité. Elle est déchirée entre les ténèbres de la peur et la lumière de la confiance. Un lit défait et un tapis usé dépeignent l'ordinaire de sa vie. Tanner est connu pour se servir de la lumière pour introduire des concepts religieux. Au lieu de représenter l'archange Gabriel comme le font les autres, il se sert de la lumière pour manifester la force de l'expérience religieuse. Sa toile montre la lumière qui indique la présence de l'ange Gabriel et qui plonge dans la ténèbre de la peur de Marie. Elle n'est pas une simple spectatrice dans la pièce, elle vit l'instant, sent la peur et pose le choix de dire « oui » à la lumière. Marie reçoit la lumière, elle est *« pleine de grâce*[58] ». Gabriel, représenté par un rayon de lumière, nous rappelle la beauté de la présence de Dieu dans l'instant ; sans elle, c'eut été une étape terrible pour Marie. L'acte de foi représenté sur le tableau consiste à ne pas se laisser submerger par la peur, mais à entrer dans la lumière glorieuse.

Un poète a saisi l'instant de confiance derrière le magnifique acte de foi de Marie en contemplant cette toile. Il décrit le regard apeuré et inquiet de Marie vers la lumière, puis l'instant de grâce qui changera le monde : « Elle arrive à murmurer un "oui" / et par là l'amour de la lumière et de la vie / lui perce le cœur / et s'établit dans son sein. » Marie est notre modèle de foi car elle est celle qui a dit « oui » à la

57. Peintre afro-américain mort en 1937.

58. Lc 1, 28.

lumière, qui a ensuite reçu la lumière et porté cette lumière du Christ dans l'obscurité du monde.

La circonspection est le deuxième ennemi qui tue la lumière de la foi. Saint Luc, dans le premier chapitre de son évangile, décrit le contraste entre Zacharie et Marie. Comme chez Marie, la première réaction de Zacharie au message de l'ange est la peur. Bien que faisant partie d'une classe privilégiée en tant que prêtre, Zacharie n'arrive pas à dire oui à l'instant présent et à accueillir la lumière, mais il est dans le doute et il hésite. Bloqué par son incapacité à croire dans l'instant, il ne voit que le côté sombre et rate la grâce de Dieu qui est la force de guérison à accueillir dans l'instant. Choisir d'être trop prudent, c'est choisir de se laisser paralyser et manquer la beauté à laquelle le Seigneur nous invite chaque jour.

C'est une foi toute pure et non une spéculation intellectuelle qui a libéré Marie et lui a permis de dire son « oui » à la lumière. La beauté se produit en une fraction de seconde dans l'instant présent. Soyons donc toujours bien en alerte et tenons-nous prêts à *carpe diem*, à saisir l'instant et à nous laisser – encore plus important – saisir par l'instant. Veillons à ne pas nous perdre dans des débats sans fin et dans les doutes. Parfois, la voie n'est pas évidente et il faut discerner avant de prendre une décision mûrie quant aux choix à poser. Ces choix ne seront évidents que lorsque nous nous attacherons aux désirs les plus profonds de l'esprit humain, ce qui nous donnera une indication de la volonté de Dieu pour nous. La première question à se poser lors d'un temps de discernement est : « Qu'est-ce qui me gardera le mieux dans ma relation à Dieu ? » Lorsque nous vivons dans notre tête et que nous repassons sans cesse les mêmes choses, nous ne sommes plus là dans une disposition à faire la volonté de Dieu, mais nous nous laissons hanter par les peurs et les angoisses. La foi ne consiste pas en calculs ni pensées obsédantes ; elle consiste bien plutôt dans le fait de vivre le

« ici et maintenant » de la présence de Dieu. Jean-Pierre de Caussade donnait un bon conseil lorsqu'il écrivait :

> « Vous n'avez qu'un devoir : garder les yeux fixés sur le Maître, à écouter attentivement ce qu'il souhaite et le faire immédiatement… Vivre par la foi, c'est vivre joyeusement. »

3. Choisir le bonheur dans l'instant présent

Dieu ne nous veut pas misérables, mais, bien au contraire, il souhaite notre bonheur. Nous avons le choix chaque jour entre la mort et la vie. J'ai sur le miroir de ma salle de bains cette phrase : « Tu as devant toi celui qui est responsable de ton bonheur aujourd'hui. » Vous vous direz : mais si les choses se passent mal, si ça ne se passe pas bien, comment pourrai-je être heureux ? Ce à quoi je répondrai : pourquoi vouloir encore ajouter de la misère ou du malheur à votre liste de problèmes ? Le bonheur n'est pas un sentiment, c'est un état d'esprit. Prenez l'exemple de l'optimiste et du pessimiste. Le premier dira : « Bonjour, Dieu ! » quand, pour le second, ce sera : « Bon Dieu, jour ! » Les voilà sortis tous les deux de bon matin et quand l'un d'eux dit : « Regarde ces belles fleurs ! », l'autre répond : « Oui, elles sont belles, mais elles recouvrent sûrement une tombe. »

Certains attribuent à Reinhold Niebuhr[59] une prière célèbre[60], la *Prière de la Sérénité* ; elle nous propose un chemin qui nous offrira le bonheur de l'instant présent :

59. Théologien américain protestant mort en 1971.

60. « Mon Dieu, donnez-moi la sérénité d'accepter les choses que je ne peux changer ; donnez-moi le courage de changer les choses que je peux et la sagesse d'en connaître la différence. Vivre un jour à la fois ; profiter de chaque instant, accepter les épreuves qui font partie du chemin vers la paix. Accepter, comme Lui, le monde avec ses péchés tel qu'il est et non comme je voudrais qu'il soit ; avoir confiance qu'Il s'occupera de tout si je lui confie ma volonté, que je serai raisonnablement heureux dans cette vie et absolument heureux avec Lui dans l'autre ».

– *Mon Dieu, donne-moi la sérénité d'accepter toutes les choses que je ne peux changer. Donne-moi le courage de changer les choses que je peux et la sagesse d'en connaître la différence.* Nous sommes donc invités à accepter le rythme de la vie tel qu'il se déroule. La vérité de fond est qu'il y a un plan bien plus grand que nous dans l'écoulement de la vie. Nous devons accepter ce que nous ne pouvons changer et nous devons choisir de nous centrer sur ce que nous pouvons changer. Lorsque nous vivons de cette manière, nous pouvons apporter au monde autour de nous la paix que nous avons trouvée dans l'instant présent.

– *Vivre un jour à la fois ; profiter de chaque instant.* Nous n'avons que les vingt-quatre heures que Dieu nous offre chaque jour. Pensons à la vie en ces termes, vingt-quatre segments horaires. Nous pouvons vivre le jour présent en plénitude. Et quand nous voyons que nous ne le faisons pas, redémarrons notre journée.

– *Mon Dieu, donne-moi la sérénité d'accepter les épreuves qui font partie du chemin vers la paix.* Nous ne choisissons pas les épreuves, ce sont elles qui nous choisissent. Nous serons heureux si nous accueillons les épreuves, plutôt que de résister à ces intrusions dans notre existence. Nous pouvons apprendre beaucoup des oiseaux dans le ciel. Chaque année, autour de la fête de saint Joseph le 19 mars, les hirondelles quittent les régions méridionales et commencent leur migration vers le nord. Il y a plusieurs années, des gens ont remarqué qu'au moment de leur départ, les oiseaux mettaient dans leur bec des brindilles. On eût dit que les oiseaux avaient bêtement choisi de se charger de leurs épreuves. Cependant, quel étonnement de voir que lorsqu'elles étaient fatiguées, les hirondelles lâchaient leurs fagots dans l'océan qui, flottant, leur faisaient un lieu de repos. Ce qui justement avait semblé rendre le voyage plus difficile était ce qui, de fait, le rendait possible. Ainsi, ce qui semble être un fardeau peut devenir une bénédiction. Le seul moyen de découvrir cette vérité est de continuer à porter le fardeau de la Croix et de se laisser transformer par lui dans l'instant présent.

– *Mon Dieu, donne-moi la sérénité d'accepter comme Jésus ce monde avec ses péchés tel qu'il est, et non pas comme je voudrais qu'il soit.* Dans l'instant présent, accueillons activement le monde tel qu'il est plutôt que de nous résigner passivement à subir ce qui nous arrive. Notre salut et notre bonheur se trouvent dans l'instant présent. Si nous ne les y trouvons pas, nous ne les trouverons nulle part.

– *Mon Dieu, donne-moi la sérénité d'avoir confiance que le Bon Dieu s'occupera de tout si je lui confie ma volonté, de croire que je serai raisonnablement heureux dans cette vie et absolument heureux avec Lui dans l'autre.* Dieu fera toutes choses bonnes. Saint Augustin disait : « Dieu écrit droit avec des lignes courbes. » Le croyons-nous ? Notre bonheur en dépend. Saint Paul écrit : *« Ayez en vous les dispositions qui sont dans le Christ Jésus*[61]. » Le Christ notre Maître veille à ce que notre paix réside dans notre capacité à nous abandonner à la volonté du Père dans l'instant.

Voilà une carte routière qui nous conduira sûrement vers le bonheur. L'auteur reprend ici le rythme du shabbat pour lequel Dieu nous a créés.

4. Découvrir notre être véritable dans l'instant présent

Le principal combat de tout être humain porte contre son faux et son vrai soi. L'ego est le faux soi, le masque que l'on porte dans le monde. Il essaie d'être différent de ce pour quoi nous avons été créés. C'est souvent lui qui nous tire et qui nous conduit partout, sauf dans l'instant présent qu'il

61. Ph 2, 5.

craint car il n'a aucun pouvoir sur le moment. C'est là qu'il est démasqué.

Un des grands mystères de la vie est que seuls les êtres humains cherchent à être autre chose que ce qu'ils sont en réalité. Imaginez un instant qu'un éléphant veuille être un oiseau ou qu'un oiseau décide d'être une vache. Le péché original est le refus d'être notre vrai moi, fils ou fille de Dieu. Le faux moi ne produit en notre vie que malheur et frustration. L'instant présent nous ramène à la fidélité, à notre vrai moi qui a été créé à l'image et à la ressemblance de Dieu.

Le champ de bataille se fait autel lorsque nous y plaçons notre ego, l'y abandonnant pour qu'il ne contrôle plus la direction de nos vies. Ainsi, nous ne servons plus notre ego, c'est lui qui nous sert. Ce processus de toute une vie est inclus dans le *mystère pascal*. Cette expression signifie simplement que, par le baptême, les chrétiens entament leur chemin vers leur vrai moi, en incorporant dans leur vie la mort et la Résurrection du Seigneur Jésus. À un plus haut niveau, le mystère pascal englobe toute la vie du Christ, sa naissance, sa vie, sa mort, sa Résurrection et son Ascension, événements ne pouvant être scindés en catégories. C'est l'événement-Christ tout entier qui nous apporte le salut. Le terme *pascal* recouvre toute cette réalité. L'usage de ce terme nous aide à éviter de nous centrer seulement sur la Croix ou seulement sur la Résurrection. Les deux réalités sont contenues dans le mot « pascal », qui vient de l'hébreu *Pessach* et se rapporte à la Pâque, la délivrance d'Israël de la main des Égyptiens, lorsque l'ange de la mort passa par-dessus les portes marquées du sang d'agneau. Les rituels de printemps des cultures environnantes ont influencé la forme de ce rappel annuel de la Pâque. Pour les Juifs, cependant, il s'agit de bien davantage que de célébrer la fraîcheur du printemps. C'est une fête de la rédemption. Au cours du repas de la Pâque, les Juifs font mémoire de leur libération de l'esclavage des Égyptiens. Ce faisant, ils ne rappellent pas seulement un événement passé, mais célèbrent le fait que l'Éternel est toujours avec eux et continuera de marcher à leurs côtés dans l'avenir. Tout Juif doit intérioriser cet événement dans sa propre vie. En d'autres termes, la liberté a été offerte à tout le peuple juif, mais chaque Juif a également reçu ce cadeau dans son expérience de vie personnelle.

La version chrétienne de tout cela est l'invitation à entrer dans le mystère de la mort et de la Résurrection du Christ. Cette transformation pour devenir d'autres Christ est un mystère car bien souvent, nous ne comprenons pas que c'est ce qui se passe, instant après instant, dans notre vie quotidienne. Il est essentiel que nous comprenions que cette spiritualité du mystère pascal signifie que nous devons avoir l'attitude du Christ plus que de singer ses actes. Saint Paul dans sa Lettre aux Philippiens l'exprime bien :

> « *Ayez en vous les dispositions qui sont dans le Christ Jésus : le Christ Jésus, ayant la condition de Dieu, ne retint pas jalousement le rang qui l'égalait à Dieu. Mais il s'est anéanti, prenant la condition d'esclave* [...]. *Il s'est abaissé, devenant obéissant jusqu'à la mort, et la mort de la croix*[62]. »

Tout chrétien est invité à revêtir la même attitude que le Christ devant la vie. L'Esprit Saint conduit chaque chrétien à le faire de façon différente, selon ce qu'il est personnellement. Les chrétiens qui prennent cet appel au sérieux doivent être attentifs à l'instant présent et discerner où leur vrai moi se situe et où il devient une réalité dans le monde. Le mystère pascal dans nos vies permet de redécouvrir dans notre temps l'humanité du Christ. Les conséquences pour suivre le mystère pascal sont très importantes. Le fait que le Christ s'est fait pleinement homme signifie qu'il a passé son existence humaine comme nous, il ne faisait pas du théâtre. Il a vécu le mystère pascal dans l'ordinaire

62. Ph 2, 5-8.

quotidien de son existence humaine, autant que dans son sacrifice sur la Croix.

La mort corporelle est le pont qui nous conduit à la vie éternelle. Saint François d'Assise a courageusement et joyeusement salué la mort avec cette magnifique salutation : « Bienvenue, ma Sœur la mort. » Où en a-t-il trouvé le courage et la force ? Sans aucun doute dans sa foi et son amour pour le Christ mort et ressuscité. La célébration de l'Eucharistie lui donnait, comme elle le fait pour chacun de nous, une vision dans la foi de vivre chaque minute de sa vie pleinement et, en même temps, d'accueillir sa Sœur la mort : *« Ainsi donc, chaque fois que vous mangez ce pain et que vous buvez cette coupe, vous proclamez la mort du Seigneur, jusqu'à ce qu'il vienne*[63]*. »* Les petites morts de chaque jour sont des sacrements qui nous préparent à accueillir la mort définitive qui nous ramènera à la maison.

Un poète exprimait un sentiment semblable, pressant ses lecteurs de se centrer sur le Christ au long de leur vie sur la terre pour se préparer à la vie dans l'au-delà. Le tout est de *mourir* chaque jour pour que notre mort définitive permette à notre vrai moi de s'épanouir pleinement. La mort est notre sœur, qui nous conduit vers des lieux nouveaux et plus profonds, à la fois aujourd'hui et dans l'éternité. Quand devrions-nous commencer cet exercice spirituel ? Saint Paul nous donne la réponse : « *Le voici maintenant le moment favorable*[64]. »

Le vrai moi ne se révèle que sur toute une vie et ce n'est que dans la vie éternelle que notre vrai moi se lèvera dans la gloire. Sainte Catherine de Sienne écrivait : « Le chemin vers le ciel, c'est le ciel. » Si nous jetons un coup d'œil vers le ciel, nous avons un tout petit aperçu de ce que nous sommes vraiment. Nous sommes invités à faire descendre le ciel sur la

63. 1 Co 11, 26.
64. 2 Co 6, 2.

terre dès maintenant en embrassant l'instant présent. Notre faux moi refuse de vivre dans l'instant présent. Lorsque nous mourons à notre faux moi, nous pouvons dire avec saint Paul : « *Ce n'est plus moi qui vis, c'est le Christ qui vit en moi*[65]. »

5. La beauté de l'instant présent, une pratique spirituelle

Un bon nombre d'ouvrages excellents traitent de pratiques et de méthodes pour apprendre à vivre dans l'instant présent. Même si certaines sont vraiment très bien faites, j'aimerais vous proposer une autre approche, qui sera de célébrer l'instant présent à travers les œuvres de beauté. Elles peuvent en effet permettre une attention qui nous sorte de notre tête pour nous aider à accueillir la grâce de l'instant présent. Les œuvres de beauté nous font passer d'un mode de *faire* prosaïque à un mode d'*être* poétique.

Cette attention nous apprend à ne pas entrer dans le jugement et à accueillir le mystère de l'instant, elle nous permet de nous réveiller de notre sommeil. De Caussade écrit que le fait de se concentrer sur la volonté de Dieu élève notre vie spirituelle à un point central de notre existence. Il exprime l'importance de l'instant présent en ces termes :

> « Nous devons être actifs dans tout ce que l'instant présent réclame de nous, mais en toute autre chose demeurer passifs et abandonnés sans rien faire, si ce n'est attendre paisiblement les sollicitations du Seigneur. Le chemin de la foi pure est simple, qui nous permet de trouver Dieu en chaque instant. »

Les œuvres de beauté sont des chemins sur lesquels la vision de « nous envoler comme des aigles » de De Caussade nous porte dans le souffle de l'amour. Il nous encourage

65. Ga 2, 20.

aussi vivement à accepter les humiliations de la vie comme autant de moyens de nous vider de nous-mêmes pour que le « trou de notre âme » se remplisse de l'extase à laquelle le Divin Artiste nous invite. Explorons quelques pratiques spirituelles qui vont nous ouvrir aux possibilités infinies de transformation par la beauté.

L'art ouvre l'esprit par la vue, l'ouïe, le toucher. Les représentations artistiques sont une affirmation absolue de la puissance de l'incarnation qui nous fait passer d'un mode de pensée linéaire à un mode de pensée unitif. L'artiste, à partir des matériaux bruts du monde – la couleur, le son, le bois et la pierre – transforme l'ordinaire en des expressions puissantes de l'Esprit. Cette transformation se fait à travers l'imagination qui puise dans la créativité même de Dieu. Samuel Taylor Coleridge[66] écrivait que le poète met toute son âme dans son travail et il attribuait la beauté de la poésie au don de l'imagination, qu'il considérait comme la faculté humaine créant la beauté. Pour lui, l'imagination était « cette puissance magique et synthétique qui se révèle dans l'équilibre ou la réconciliation de tendances opposées ou discordantes. […] Elle dissout, diffuse, dissipe, dans le but de créer. » Dans cette perspective, la force magique de l'imagination est toujours active, travaillant à unifier et à idéaliser le processus de création. La beauté est ce qui sort, lorsque l'écrivain apporte son enthousiasme tout frais et un sentiment profond à de vieux objets familiers.

Le langage créatif nous conduit vers la beauté d'une façon différente. Les outils de la littérature sont les mots qui touchent les cœurs pour cultiver la beauté de l'instant. Les formes littéraires artistiques ont le potentiel de tisser les mots pour en faire une tapisserie de beauté. Dans son poème « Mercredi des Cendres », T. S. Eliot souligne la force des mots en se servant du concept du « Verbe dedans ». C'est

66. Poète et critique britannique du dix-huitième siècle.

la relation avec le Verbe qui donne esprit et vie à la parole prononcée et écrite. La parole écrite venant du Verbe peut être rédemptrice et transformante. La parole inspirée par la Parole des Évangiles peut nous entraîner dans un nouvel espace, une ouverture nouvelle envers nos contemporains. Dans *Le Roi Lear*, Shakespeare a une scène magnifique inspirée par la beauté du langage qui nous conduit à des niveaux de compassion encore inconnus et plus profonds.

Des poésies d'une telle teneur nous forcent à ralentir. On ne peut tout simplement pas courir en lisant un poème, on doit le savourer comme une tasse de bon expresso. Le poète regarde de toutes petites choses à travers un microscope et rassemble divers éléments en un seul morceau. Dun Scott appelait ça le « scandale du particulier ». Le concret choque, nous réveille, attire notre attention. La création de ces pièces venant d'images de l'esprit nous force à ralentir et engendre en nous un sentiment de gratitude pour la beauté que le poète décrit, touchant par là le cœur, l'esprit, l'imagination. Il fait écho à notre propre expérience et nous conduit dans un espace de contemplation où tout devient possible.

La danse est un moyen souvent considéré comme un outil qui entre dans nos pratiques spirituelles, elle met la musique en valeur par des mouvements du corps qui permettent véritablement au Verbe de se faire chair. Les Écritures nous décrivent David dansant devant l'Arche au son de multiples instruments, par cette expression artistique qui inclut tout le corps. Le meilleur moyen de s'extraire de notre tête dans l'instant présent est de se laisser entraîner dans la danse.

Le mouvement est notre premier langage. Nous bougeons dans le sein de notre mère, nous bougeons dès notre venue au monde. Le mouvement précède de loin la parole prononcée comme un moyen de s'exprimer dans notre parcours humain. La danse est le langage universel qui rassemble les rythmes et les cycles de la nature et transcende toute culture, race et croyance. Elle brave le jansénisme qui voulait s'affranchir du corps humain. Elle utilise la beauté du corps et de ses mouvements pour vivre dans l'instant et glorifier le Créateur.

L'icône de la Trinité de Roublev reprend le mouvement de la danse dans le rythme gracieux des trois. Les têtes des trois hommes s'inclinent l'une vers l'autre, leurs mains exprimant la relation dans le mouvement. Dans son hymne pour Pâques, Hippolyte de Rome parle du Seigneur de la danse mystique, de la fête des noces mystiques. Le *Logos* est le Seigneur de la danse, qui évolue dans le monde. C'est ce mouvement même qui nous invite à danser nous aussi.

Les icônes ouvrent une fenêtre unique sur la beauté de l'instant présent. Saint Paul écrit : « *Il est l'image* [l'icône] *du Dieu invisible, le premier-né, avant toute créature*[67]. » De même que le Christ est l'image du Père, l'icône est une image qui nous invite à entrer dans le mystère de Dieu. Bien que l'histoire et la théologie des icônes soient fascinantes, attachons-nous ici au magnétisme des icônes élevant le cœur à des sommets de contemplation. De fait, lorsqu'on prend le temps de contempler une icône, on a l'impression que c'est l'icône qui nous contemple. L'interaction entre connaisseur et connu, regardant et regardé, établit une relation active entre la personne et l'icône qui attire l'art dans un domaine inhabité de celui qui contemple et, ainsi, centre son attention sur l'instant présent.

La Nativité est un des sujets de prédilection des icônes. Leur spiritualité s'exprime dans la prière des vêpres de Noël :

> « *Que t'offrirons-nous, ô Christ qui apparaît comme homme sur terre ? Chacune de Tes créatures t'offre son action de grâce : les anges - l'hymne, les cieux - l'étoile, les mages - les dons, les pâtres - l'adoration, la terre - une grotte, le désert - une crèche, et nous - une Mère vierge*[68]. »

---

67. Col 1, 15.
68. Hymne des Laudes du IIIe dimanche du temps ordinaire.

Une icône de la Nativité de l'école de Novgorod du quinzième siècle capte l'esprit de cette prière. On y voit le monde créé rassemblé autour du Christ qui se trouve au centre, pour le louer. Les animaux sont présents aussi et se joignent au chœur, la Nativité ne se situe pas dans une étable idyllique, mais le long d'une montagne escarpée. La figure de Marie, la *Théotokos* (celle qui porte Dieu), domine. Elle est la plus belle action de grâce envers Dieu. Joseph est représenté dans un coin à gauche, l'air perplexe au cœur de cet événement. Nous sommes invités par les anges à nous laisser toucher et à nous joindre à ce chœur de louange et d'adoration. L'icône nous regarde et nous invite à vivre l'instant présent de ce qu'elle figure.

Il y a enfin la musique, qui nous sort de nous-mêmes vers une autre réalité. Pensez à la musique sans paroles qui vous invite à entrer dans une écoute plus profonde, à accorder votre oreille au son de l'incarnation, à entendre ce que d'autres ne peuvent entendre, à aller jusqu'au lieu où vous pourrez voir de vos propres yeux et toucher de vos mains. Regardez le petit enfant qui danse au son de l'Ipod de sa maman ; vous comprendrez que le plaisir de la musique est inné et ne requiert aucune parole. La beauté de la répétition dans le chant de la Litanie des saints nous stimule dans la contemplation qui coule des sons mêmes, plutôt que des mots. Un concerto de Mozart peut entraîner notre esprit tout aussi bien que les harmoniques d'un concert de jazz ou une musique moderne.

La musique est un langage universel. Ma mère, immigrante italienne, a appris l'anglais en chantant des chansons dans cette langue. Nous voyons là de nouveau que la beauté peut aller parfois contre l'intuition ; elle commence par le cœur et ne poursuit son chemin vers la tête qu'après.

> *« Et j'entendis la voix d'une multitude d'anges qui entouraient le Trône, les Vivants et les Anciens ; ils étaient des myriades de myriades, par milliers de milliers. Et ils disaient d'une voix forte :*

"Il est digne, l'Agneau immolé, de recevoir puissance et richesse, sagesse et force, honneur, gloire et louange"[69]. »

La musique, la peinture, la littérature, la danse, toutes ces expressions de l'art nous invitent à demeurer dans l'instant présent, à apprécier la beauté de l'œuvre, à nous relier à la merveille de notre monde tel que l'artiste le voit. Tous ces moyens d'expression artistique nous attirent et nous invitent à contempler la beauté de l'instant ; les œuvres de beauté nous permettent d'entrevoir le Divin qui transforme l'instant présent en des grâces infinies. C'est pour cela que De Caussade avait parfaitement raison lorsqu'il parlait de l'instant présent comme d'un sacrement.

L'instant présent est le sacrement où nous rencontrons Dieu qui nous touche, par la lumière et la chaleur d'un charbon ardent, un véritable enchantement pour le cœur.

6. Pour continuer sur la voie de la beauté

1. Le prophète Isaïe écrit : « *Si tu nommes "délices" le shabbat* [...], *alors tu trouveras tes délices dans le Seigneur ; je te ferai chevaucher sur les hauteurs du pays*[70]. » Êtes-vous vraiment trop occupé au point de ne pas vous arrêter à la fin de la semaine ? Rappelez-vous que le pictogramme chinois pour le mot « occupé » se compose de deux caractères : « cœur » et « tuer ». Trouvez vos délices dans le shabbat ! Commencez le vendredi soir jusqu'au dimanche soir. Détendez-vous, profitez, priez. Organisez votre fin de semaine comme vous le souhaitez, la seule règle absolue étant : PAS de travail. Le lundi suivant, veillez à vivre votre semaine avec un rythme shabbatique. Travaillez dur, mais prenez du temps pour jouer et prier. Trouvez-vous un ami qui partagera cette expérience

69. Ap 5, 11-12.
70. Is 58, 13-14.

avec vous, vous pourrez ainsi apprendre l'un de l'autre et réfléchir ensemble.

2. Reprenez le tableau dont je vous parlais plus haut, *L'Annonciation* de Tanner. Quel changement cette toile opère-t-elle en vous, dans votre image de Marie ? Qu'est-ce qui vous frappe le plus : le tapis, le lit, la cruche d'eau ? Que fait Marie avec ses mains ? Où est l'ange Gabriel ? Cette œuvre vous permet-elle de mieux comprendre l'expérience religieuse qu'elle convoie ?

3. Michel Quoist écrivait : « Nous ne sommes pas Dieu. Nous sommes simplement une image de Dieu et notre tâche est de découvrir cette image progressivement et de la libérer. » Asseyez-vous confortablement, les mains jointes, les yeux fermés. Et restez là une vingtaine de minutes pour faire l'expérience de l'image de Dieu en vous.

4. Faites une visite virtuelle du couvent Saint-Marc à Florence. Fra Angelico y a vécu et y a peint ses célèbres fresques sur le mur du monastère. Le saint pape Jean-Paul II l'a déclaré Patron des artistes. En faisant cette visite, vivez dans l'instant présent.

5. Contemplez la beauté de votre monde à travers l'un de vos sens (l'ouïe, la vue, le toucher, l'odorat). En vous promenant, dressez dans votre tête la liste de ce que vous vivez à travers ce sens. Rendez grâce pour le pépiement des oiseaux, la douceur de l'herbe, la beauté des petites fleurs poussant à travers les cailloux. Faites ça pendant une semaine, puis partagez-le à un ami, en vous centrant sur un sens différent chaque jour.

Chapitre III

Beauté et pardon

Ce qui nous empêche souvent de voir la beauté dans notre monde est le fait que nous n'arrivons déjà pas à voir la beauté qui est en nous ou en nos frères. Le pardon est alors la clé qui permettra de déverrouiller cette porte. Dieu nous a pardonné et il serait sage que nous fassions de même. Le Dieu qui pardonne nous invite à partager ce cadeau avec ceux que nous avons exclus de votre vie, à cause de blessures du passé. Le Dieu que nous rencontrons dans l'instant présent est Celui qui nous aime de façon inconditionnelle et qui nous pardonne ; il nous invite à offrir à notre tour le pardon à ceux en qui nous ne voyons plus la beauté.

Avant de pouvoir créer la beauté et de voir la beauté dans le monde, nous devons d'abord la voir en nous-mêmes. Dieu, qui nous aime de façon inconditionnelle, voit la beauté dans toute la création. Un poète du dix-neuvième siècle écrivait cette prière, médiation sur la façon dont l'amour de Dieu et sa présence en nous font la beauté de notre être.

« Je te connais. Je t'ai créé. Je te crée encore. Je t'ai aimé dès le sein de ta mère. Tu as fui loin de mon amour. Mais je t'aime malgré cela et à cause de cela parce que, aussi loin que tu aies cherché à t'enfuir, c'est moi qui te donne la possibilité de le faire et je ne te laisserai jamais tomber. Je t'accepte tel que tu es. Tu es pardonné. Je connais toutes tes souffrances. Je les ai toujours connues. Même si cela te semble incompréhensible, lorsque tu souffres, je souffre. Je connais aussi tous les petits moyens que tu trouves pour cacher la laideur de ce que tu as fait de ta vie. Mais tu es beau. Tu es bien plus beau à l'intérieur de toi que tu ne peux le croire. Tu es beau parce que tu es, et d'une façon unique, un reflet de la beauté de ma sainteté, et cela n'aura jamais de fin. Tu es beau parce que je vois, moi et moi seul, la beauté en puissance en toi. Mon amour te transformera et un jour, tu seras, à ta manière unique, parfaitement beau. »

La beauté est comme une alliance entre Dieu et nous. Dieu offre et nous recevons. Ce n'est que lorsque nous croyons que nous sommes beaux que nous pouvons alors nous tourner vers ceux qui nous blessent, et voir leur beauté. Sans beauté, il ne peut y avoir de pardon, alors qu'avec la beauté, tout est possible, même de pardonner à ses ennemis.

Une maman voit sa fille assassinée à Londres en 2006. Elle ne croit plus au pardon et à la réconciliation, et doit se battre contre l'horreur de la douleur et de la colère, refusant d'être instrument de la beauté de Dieu. « Pâques est supposé être la preuve que l'amour est plus fort que la mort. Mais quel réconfort cela apporte-t-il à des parents qui, comme moi, doivent se tenir au pied de la Croix ? » Elle comprend que sans chemin de guérison et de pardon, elle restera aveuglée. Le message de l'Évangile ne nous parle que de pardon. Refuser de travailler sur le pardon conduit à refuser d'accueillir l'Évangile de Jésus-Christ. « On ne peut laisser tomber cela comme un sac à commissions. Que comprenons-nous lorsque nous parlons de foi et de pardon ? Il me semble que l'on devrait faire méditer le monde sur ces questions, comme j'ai dû le faire. »

Une autre histoire de pardon est celle de Maya Angelou qui fait l'expérience à l'âge de sept ans d'être violée.

> « Le viol avait été si brutal qu'elle avait dû être hospitalisée. De son lit de douleur et de honte, elle prononce le nom de son violeur. Il est arrêté, puis relâché et on le retrouve battu à mort. Parce qu'elle avait prononcé son nom, l'enfant s'accusa de la mort de son violeur… Elle finit par reconnaître l'importance de cette étape dans une démarche de guérison : celui qui souffre un grand mal doit le nommer, en tirer la leçon, pardonner et continuer courageusement à avancer, les yeux fixés sur l'avenir. Le pardon ne pouvait en rien changer le passé, mais il avait le pouvoir de façonner son avenir. »

C'est le pardon qui a restauré la beauté de la vie de chacune de ces femmes. Quelqu'un disait d'elles : « Les victimes du mal doivent arriver à se débarrasser des terribles marques imprimées sur les murs de leur psyché. Peuvent-elles pardonner à leurs bourreaux ? Devraient-elles le faire ? » La réponse peut résider dans une sagesse qui nous rappelle que « le pardon est un cadeau que nous nous faisons à nous-mêmes ».

1. Ce que le pardon n'est pas

Avant de comprendre que le pardon est un chemin vers la beauté, il nous faut d'abord comprendre ce que le pardon n'est pas. Le pardon est un mystère qu'on ne pourra jamais tout à fait appréhender. Seule la grâce de Dieu peut permettre le pardon. La guérison émotionnelle et la guérison psychologique suivant le miracle du pardon ne peuvent se prévoir ni se mesurer.

Le vieil adage « Pardonne et oublie » n'est pas de bon conseil. Le pardon en effet n'est pas l'oubli, ce serait tellement plus simple si c'était le cas ! Un pardon superficiel peut faire davantage de mal que de bien et nous empêche d'apprendre de nos erreurs et de nos blessures. Par exemple, on n'aurait rien appris si les survivants de l'Holocauste n'avaient raconté leur histoire. Le fait de raconter permet que le même mal ne puisse plus jamais arriver. Notre esprit et notre cœur peuvent être insensibles aux effets du mal. C'est lorsque nous choisissons de faire mémoire que le pardon devient possible. Il faut avoir un sens aigu de soi-même pour reconnaître la blessure et il faut beaucoup d'humilité pour verbaliser la profondeur de notre blessure.

Plutôt que d'oublier le passé, le souvenir rédempteur considère le passé avec la puissance du Christ Ressuscité, qui guérit ce qui s'est *alors* passé dans la puissance de *maintenant*. Les chrétiens puisent là la force de se pardonner à eux-mêmes et de pardonner à leurs ennemis. Bien que la réconciliation ne soit pas un résultat garanti au terme du processus, elle est au moins de l'ordre du possible. Il faudrait une bonne raison pour ne pas chercher la réconciliation. Par exemple, on ne peut pas faire grand-chose si l'autre ne veut pas se réconcilier. La conversion n'est pas à sens unique. Si l'autre n'a aucune intention de changer sa conduite mauvaise, il serait insensé d'engager un processus de réconciliation.

Nous pourrions être déçus par une position de supériorité spirituelle qui penserait que le pardon survient instantanément sans qu'il y ait besoin de processus de guérison. Pour paraphraser le théologien luthérien allemand Dietrich Bonhoeffer, c'est ce que j'appellerais un *pardon bon marché.* Un pardon qui ne tiendrait pas dans le temps ni ne serait bien enraciné car n'étant pas fondé sur la réalité. Pardonner à grand prix, voilà ce que Jésus nous invite à faire et ce qu'il a lui-même fait en offrant le pardon, puis en traversant l'étape douloureuse pour y arriver.

Le chemin vers le pardon est un chemin qui nous oblige à reconnaître la blessure causée par notre colère. La répression de la colère peut conduire à des conduites agressives passives. La colère et la blessure sont des réactions naturelles quand nous sommes offensés. Il nous faut nous y confronter quand nous souhaitons parvenir à un pardon profond et durable. Cela ne sert à rien et il n'est pas bon de faire comme si rien ne s'était passé, comme s'il n'y avait pas de mal, alors que nous avons été blessés par notre frère. Le déni ferme la porte à la possibilité de pardon et ouvre aussi la porte à des dégâts émotionnels et spirituels ultérieurs. Nous apprenons des Évangiles que, parfois, Jésus s'est mis en colère. Il a par exemple chassé les vendeurs du Temple, les punissant car ils avaient fait de la maison de son Père une caverne de bandits[71]. Un autre jour, il se fâche contre Pierre en lui disant : *« Passe derrière moi, Satan*[72] *! »*

Parfois, le plus difficile à comprendre est que le pardon n'est pas simplement un acte de volonté brut. Une approche terrifiante ne va pas atteindre le résultat évangélique escompté. Bien que nous adhérions à l'idéal évangélique, il n'est pas facile de s'occuper des sentiments blessés par des relations brisées. Les chrétiens doivent tenir au pardon au plus haut point. Aucune autre religion ne demande à ses adeptes de présenter l'autre joue[73] et de pardonner à ses frères et sœurs non pas *« sept fois, mais soixante-dix fois sept fois*[74] *»*. Ce qui est propre au pardon chrétien est que Jésus nous enseigne qu'on doit pardonner à notre frère même s'il ne mérite pas notre pardon. Il pousse encore plus loin en disant que nous devons pardonner même si le frère ne demande pas le pardon[75]. Sans la grâce de Dieu, cela serait impossible, mais *« pour Dieu, tout est possible*[76] *»*.

Le pardon n'absout pas l'offenseur. L'absolution revient à Dieu seul. Nous pouvons de notre côté ouvrir la porte

---

71. Mc 11, 17.
72. Mc 8, 33.
73. Mt 5, 39.
74. Mt 8, 22.
75. Lc 6, 37-38.
76. Mt 9, 26.

de nos cœurs lorsque nous sommes prêts. Dans une relation blessée, les deux parties ont besoin de la guérison du Seigneur. Nous nous ouvrons à l'autre et ensemble, nous nous ouvrons au Seigneur qui veut entamer ce processus de guérison de ce qui a été brisé. Cependant, pardon et réconciliation ne sont pas les deux faces d'une même pièce. Le pardon n'entraîne pas nécessairement la réconciliation alors que la réconciliation inclut obligatoirement le pardon.

Se sacrifier est très noble, mais n'est pas l'ingrédient suffisant pour que le miracle du pardon s'accomplisse. Refuser de pardonner marque un manque d'intégrité dans notre vie. Un vide dans notre âme ne peut se combler. Cela revient à poursuivre sa marche dans la vie sans lâcher le bagage qu'on porte sous le bras. Tout ressentiment est toxique et atteint l'esprit humain. L'amertume chasse l'amour et marque grandement le cœur humain.

Jésus, dans l'évangile de Matthieu, nous dit qu'avant d'apporter notre offrande à l'autel, si nous nous rappelons que nous avons quelque chose contre notre frère : « *Laisse ton offrande, là, devant l'autel, va d'abord te réconcilier avec ton frère et ensuite, viens présenter ton offrande*[77]. » Ce qui est une vérité psychologique et spirituelle profondément vraie. Nous ne pouvons être en paix avec Dieu si nous ne sommes pas en paix les uns avec les autres. Il est impossible de prier Dieu si on n'arrive pas à parler à son frère.

Pardonner les offenses est le travail de toute une vie. Les rabbins juifs, lorsqu'ils interprètent les Écritures, font une distinction conséquente quand ils parlent de paix et de pardon. L'expression en hébreu *lech l'shalom* (« va *en* paix ») est celle employée à propos de Jethro lorsqu'il dit adieu à Moïse[78]. Il l'envoyait entamer un processus qui allait conduire à la paix en libérant les Juifs d'Égypte. Par

77. Mt 5, 24.
78. Ex 4, 18.

contraste, l'expression *lech b'shalom* (« va *dans* la paix ») est réservée aux défunts, car on n'atteint la véritable plénitude accompagnant la paix que dans la mort. C'est la bénédiction que David accorda à Absalon lors de leur dernière rencontre avant la mort d'Absalon[79] . Ce n'est qu'au cours de la vie que nous œuvrons pour la paix. Tout cela étant dit, on peut voir le pardon comme un moyen d'aller vers la paix, en opposition à des cycles ininterrompus de revanche. Ce processus qui n'aura jamais de fin ne s'accomplira que dans la Nouvelle Jérusalem.

Il ne peut y avoir de paix sans justice. Le pardon n'évite pas d'avoir à appliquer la justice. Le saint pape Jean-Paul II a pardonné à celui qui avait attenté à sa vie, mais ce dernier a dû purger sa peine de prison. Pour un chrétien, c'est l'amour et non la haine de l'autre qui motive le désir de justice. Il ne s'agit pas de souhaiter la punition pour la punition elle-même. Il s'agit bien plutôt de reconnaître que l'offenseur doit être contrôlé pour ne pas persévérer dans le mal.

Le cycle de la vie est parsemé de relations détruites qui blessent. Nous n'aurons jamais fini d'œuvrer pour le pardon. Nous devons toujours avancer dans le travail de guérison de nos blessures. Profitez de tout sursis, avant que de nouvelles blessures n'entachent votre vie. Ce n'est pas en accomplissant cette tâche que nous trouvons la beauté, mais en nous ouvrant toujours davantage à la beauté intérieure qui découlera de notre combat contre la colère, les frustrations et les blessures. Chacun de ces éléments est une nouvelle occasion que le Seigneur nous offre pour entamer ce chemin difficile de l'abandon, qui nous permettra de découvrir les nouvelles surprises que la beauté de l'amour de Dieu nous réserve.

---

79. 2 S 15, 9.

2. Qu'est-ce que le pardon ?

À bien des égards, le pardon défie toute définition. Il ne signifie pas la même chose pour telle personne et pour telle autre. La beauté du pardon est comme l'éclat d'un diamant à multiples facettes. Les mondes religieux, académique et politique se sont débattus au cours des siècles avec sa signification et la littérature sur le pardon est très abondante. Pour un chrétien, c'est simple. Le pardon est ce que font les disciples de Jésus car il le leur a demandé.

Il n'y a pas de christianisme sans communauté, c'est la raison pour laquelle tout ce qui est susceptible d'interrompre ou de détruire la communauté doit être traité pour restaurer ce qui nous est si cher. La spiritualité qui sous-tend ce concept est que la communauté est le visage de Dieu qui reflète l'amour de Dieu pour le monde. C'est toute la communauté qui est atteinte par la fracture de relations entre ses membres. La communauté tout entière a une part dans le pardon que ses membres se donnent les uns aux autres.

Le pardon est le chemin menant à la liberté intérieure. Il brise les chaînes du passé et nous fait sortir de tout lien. L'image qui pourrait s'appliquer ici est celle de Lazare au tombeau. Le Seigneur arrive et dit : « *Déliez-le, et laissez-le aller*[80]. » Le fait de ne pas pardonner nous place dans la puanteur de la tombe. Jésus veut nous délier et nous libérer. Au cours de la vigile de Pâques, les plaies du Christ sont signifiées par l'insertion de cinq grains d'encens sur le cierge pascal. Le prêtre les proclame ensuite « saintes et glorieuses ». Lc pardon nous permet d'unir nos plaies à celle du Christ. Nous sommes alors libérés et notre souffrance peut devenir rédemptrice. « *Je trouve la joie dans les souffrances que je supporte pour vous ; ce qui reste à souffrir des épreuves du Christ dans ma propre chair, je l'accomplis pour son corps qui est l'Église*[81]. »

80. Jn 11, 44.
81. Col 1, 24.

Au cœur du pardon, il y a la possibilité de reconnaître que ce que nous voyons chez les autres est souvent une projection de nos propres manquements. Le pardon commence par la compassion envers soi, ce qui est le plus difficile pour chacun de nous. Si nous contemplons nos péchés et nos fautes, nous nous sentons coupables et désarmés. Ces sentiments-là ne viennent jamais du Seigneur, qui nous invite bien plutôt à nous ouvrir à la guérison et au pardon en examinant et en reconnaissant nos fautes avec douceur. Sans cette première étape, pardonner à nos offenseurs ne sera jamais possible.

Saint Paul, dans sa Lettre aux Romains, nous offre un message très clair et très engageant sur le pardon :

> « *Bénissez ceux qui vous persécutent ; souhaitez-leur du bien, et non pas du mal. Soyez joyeux avec ceux qui sont dans la joie, pleurez avec ceux qui pleurent. Soyez bien d'accord les uns avec les autres ; n'ayez pas le goût des grandeurs, mais laissez-vous attirer par ce qui est humble. Ne vous fiez pas à votre propre jugement. Ne rendez à personne le mal pour le mal, appliquez-vous à bien agir aux yeux de tous les hommes. Autant que possible, pour ce qui dépend de vous, vivez en paix avec tous les hommes. Bien-aimés, ne vous faites pas justice vous-mêmes, mais laissez agir la colère de Dieu. Car l'Écriture dit : "C'est à moi de faire justice, c'est moi qui rendrai à chacun ce qui lui revient", dit le Seigneur. Mais si ton ennemi a faim, donne-lui à manger ; s'il a soif, donne-lui à boire […]. Ne te laisse pas vaincre par le mal, mais sois vainqueur du mal par le bien*[82]. »

Si nous prenons la parole de saint Paul au sérieux, alors nous prierons pour ceux qui nous ont blessés et nous demanderons au Seigneur de les bénir. Demandons la grâce de les voir comme Dieu les voit et si nous avons du mal à leur pardonner, pensons à Jésus sur la Croix. Jésus, vrai homme, a dû lutter pour pardonner, comme en témoigne

82. Rm 12, 14-21.

sa prière : « *Père, pardonne-leur : ils ne savent pas ce qu'ils font*[83]. » J'imagine que Jésus, parce qu'il était vraiment homme, avait du mal à pardonner et qu'il a demandé à son Père de faire pour lui ce que lui-même n'arrivait pas à faire à ce moment-là. Pour paraphraser le vieil axiome : « L'erreur est humaine, mais entrer dans le processus du pardon est divin. » C'est en être humain et blessé par les blessures de la vie que nous tombons à genoux pour prier : « *Père, pardonne-leur parce qu'ils ne savent pas ce qu'ils font.* Et aide-moi à faire moi aussi de même. »

3. Restaurer la beauté par le pardon

Le pardon est le contraire de la vengeance. À l'inverse de la vengeance, le pardon manifeste que l'on souhaite s'ouvrir à de nouveaux commencements grâce à la guérison intérieure. La vengeance reproduit des cycles et des cycles de scénarios connus. Le pardon nous place en face d'un autre être humain et nous oblige à dépasser le passé pour nous tourner vers l'avenir. Le processus du pardon exige que nous renoncions à la vengeance et nous oblige à abandonner tout désir de blesser l'autre, de quelque façon que ce soit. Nous ne devons ni lui souhaiter du mal ni le punir en nous éloignant de lui au plan émotionnel. Nous pouvons choisir de cesser une relation, mais nous ne pouvons le faire par colère, seulement parce que nous sommes convaincus que cette relation ne fera qu'entraîner d'autres souffrances. Peu importe ce que nous déciderons à propos d'une relation, pour notre bien-être, nous devons abandonner tout ressentiment. Ce terme vient du latin : *re* et *sentire*, qui signifie ruminer quelque chose. Si nous gardons en mémoire le souvenir de la blessure, la personne qui nous a blessés aura loué une place

83. Lc 23, 34.

dans notre tête et, avant même qu'on s'en rende compte, elle aura acheté toute la maison : le ressentiment nous pourrira toute la vie.

Le pardon offre une alternative qui va bien au-delà des catégories comme Blanc/Noir, Israélien/Palestinien, Protestant/Catholique. Le pardon est interpersonnel car il met un nom sur le visage de l'autre. Et, enfin, le pardon est un acte de foi, *« oubliant ce qui est en arrière, et lancé vers l'avant, je cours vers le but en vue du prix*[84] ». Le prix, c'est la paix, *« la paix de Dieu, qui dépasse tout ce qu'on peut concevoir*[85] ».

Les fractures dans nos relations sont comme un microcosme des guerres, haines et divisions qui règnent dans le monde. Le philosophe René Girard avance que la tendance humaine est de projeter toute frustration et colère sur l'autre ; il croit que le fait de se trouver des boucs émissaires est à l'origine de toute guerre et division, divise, blesse et détruit le monde, pouvant devenir un cercle vicieux qui se transmet d'une génération à l'autre. Ce qui est plus troublant est que les religions sont souvent au cœur des conflits, alors que si l'on étudie les textes sacrés des religions dans le monde, on découvre que chacune d'elles prône le pardon et l'amour. C'est en fait l'interprétation littérale ou fondamentale des textes religieux qui est à la source de la violence dans le monde. Et il en ressort une arrogance qui nous fait croire que nous parlons *pour* Dieu plutôt qu'*à* Dieu.

Dans notre foi chrétienne, nous croyons que seule la Croix peut briser le cycle de la violence. *« Père, pardonne-leur : ils ne savent pas ce qu'ils font*[86] » fait écho à la moralité du *« œil pour œil, dent pour dent*[87] » des Écritures de nos Pères. Le Christ s'est fait péché lui-même sur la Croix pour

---

84. Ph 3, 13-14.
85. Ph 4, 7.
86. Lc 23, 34.
87. Ex 21, 24.

qu'il n'ait plus aucun pouvoir sur nous. Il a pris le péché du monde et n'a pas répondu à la violence par la violence. La Croix est la victoire sur le péché et la mort, qui dépasse la laideur de la tromperie et de l'injustice pour restaurer la beauté par la victoire de la Résurrection. Lorsque nous suivons l'exemple du Christ, nous nous unissons à la beauté, lui qui n'a pas rendu coup pour coup, mais a tendu l'autre joue pour briser par là même le cycle du bouc émissaire.

Abandonnons tout désir de vengeance, tout ressentiment. Plusieurs choses pourront nous y aider.

– Commencez par examiner la plaie. Soyez bien au clair sur ce qui s'est passé exactement et sur la raison pour laquelle vous êtes blessé.

– Nommez la douleur et soyez-en conscient. Il est important de reconnaître que l'on souffre. Lorsqu'on a mal aux dents, c'est tout notre corps qui souffre.

– Demandez-vous pourquoi vous réagissez ainsi. Quel est le mal ?

– Choisissez quelle sera la prochaine étape. Ayez au moins le désir d'entrer dans un processus de pardon, même si cela doit prendre des semaines, des mois ou toute votre vie. Vous avez le choix entre les mauvaises herbes et le blé, entre vous complaire dans les mauvaises herbes du ressentiment ou avancer dans le blé de la guérison et du pardon.

La décision d'avancer sur le chemin du pardon doit s'accompagner d'un engagement, qui est de tenir bon malgré la difficulté du processus. Il est plus facile de parler du pardon que de pardonner vraiment. Pour paraphraser Dostoïevski, le pardon est très beau en rêve, mais dans la réalité, c'est un travail ardu. Le pardon de l'Évangile requiert de faire face à la colère, au ressentiment, à la culpabilité. Le pardon nous entraîne au-delà du passé dans un avenir inconnu où la beauté retrouvera sa plénitude pour l'éternité.

4. Les douze étapes des Alcooliques Anonymes

Ces douze étapes ont été mises en place chez les Alcooliques Anonymes et ont fait leurs preuves, elles rendent leur beauté à des vies brisées. Elles sont fondées sur les Écritures et sur les Exercices Spirituels de saint Ignace de Loyola. Ces douze stations conduisent à la guérison et au pardon des blessures de la vie, en traitant des questions clés et en ouvrant la porte à de nouvelles libertés. De la quatrième à la dixième étape, on se concentre sur la réconciliation et le pardon. Étudions quelques instants ces étapes d'un processus qui peut rendre à notre vie sa beauté première.

– Étape IV : Procéder sans crainte à un inventaire moral approfondi. On a toujours peur d'ôter son masque et de se voir comme Dieu nous voit. Ce sont nos peurs qui nous empêchent de le faire. Adam et Ève se cachèrent dans le Jardin après avoir mangé du fruit défendu, prisonniers de leur peur et de leur honte. Nous voulons nous aussi cacher nos imperfections, mais Dieu nous appelle à la lumière pour que nous nous voyions tels que nous sommes. Aucun être humain n'est parfait, nous avons tous des défauts. Soyons conscients de nos sentiments et soyons responsables de notre vie plutôt que d'accuser tout le monde des marques de nos blessures de la vie. Nous pouvons être si imbus de nous-mêmes que nous ignorons la façon dont nous avons blessé les autres. C'est une grâce d'avoir l'occasion de regarder notre expérience comme un navire brisé sur un rocher dans la mer déchaînée et de laisser le Bon Dieu nous tirer de ce naufrage.

– Étape V : Avouer à Dieu, s'avouer à soi-même et à un autre être humain la nature exacte de nos torts. Saint Ignace nous prévient contre le mauvais esprit qui nous pousse à cacher toutes choses à nos fidèles amis et à ceux qui pourraient nous aider. Ils ont une objectivité que nous n'avons plus, nous qui sommes perdus au cœur de la désolation et de la confusion. Lorsque nous découvrons que nous nous cachons, rappelons-nous que « nous sommes aussi malades que nos secrets ». Dès que nous commençons à partager à quelqu'un ce qui se passe en nous, nous entamons le processus de guérison. Et cela de multiples manières : par le sacrement de Réconciliation, un accompagnement psychologique, une conversation sincère avec un ami ou avec un accompagnateur. Dès que nous entamons ces démarches, nous comprenons que non seulement il nous faut pardonner, mais que nous avons besoin d'être pardonnés également. Et cette démarche au plan personnel et interpersonnel a une dimension plus large : des relations au niveau national et mondial brisées à cause de différences de religion, race, culture, genre et orientation sexuelle.

– Étape VI : Préparez-vous à accepter du Bon Dieu qu'il élimine tous ces défauts. Étape VII : Demandez-lui humblement de les faire disparaître. Tout être peut se centrer sur lui-même et c'est de cette conduite que saint Paul parle lorsqu'il écrit : *« Je ne fais pas ce que je veux, mais je fais ce que je hais*[88]. *»* Ce n'est que lorsque nous nous attaquons à l'écharde dans notre chair que nous commençons à comprendre que seule une force plus grande que nous pourra nous rendre notre beauté première. Dans ces deux étapes, nous demandons au Seigneur de faire en nous ce que nous ne pouvons faire par nous-mêmes.

– Étape VIII : Dressez une liste de tous ceux que vous avez blessés, à moins que, ce faisant, vous risquiez de leur nuire ou de nuire à d'autres. Étape IX : Réparez vos torts directement envers ces personnes dans la mesure du possible, à moins que, ce faisant, vous risquiez de leur nuire ou de nuire à d'autres. La force de ces étapes réside dans leur clarté et leur simplicité. On ne mâche pas les mots. Une fois que nous avons commencé cette étape vers la guérison, nous

88. Rm 7, 15.

sommes invités à avancer. Le pardon et la guérison ne peuvent demeurer abstraits, nous sommes invités à embrasser les personnes et les événements qui nous ont rogné les ailes. Aller voir quelqu'un pour lui demander pardon demande beaucoup d'humilité et pardonner requiert un courage héroïque.

– Étape X : Poursuivez votre examen personnel et admettez vos torts le plus vite possible. Chaque jour apporte de nouvelles possibilités et de nouveaux obstacles. L'œuvre de guérison n'est jamais achevée. Nous sommes encouragés au cours de cette étape à affronter nos transgressions le plus vite possible pour ne pas être empoisonnés par nos blessures et nos peurs. Au soir de chaque jour, prenons le temps de le regarder, de comprendre et de reconnaître nos erreurs, et de commencer un processus de guérison.

Il ne s'agit pas là de l'unique moyen possible, mais nous trouvons dans ces étapes un procédé qui peut nous conduire à une paix profonde et durable.

5. *Prière, pardon et guérison*

Il n'y a pas de pardon possible sans prière. La prière du cœur nous met devant la primauté du pardon. En d'autres termes, la prière nous permet de rejoindre le Seigneur et permet au Seigneur de nous rejoindre. Cela nous ramène à la magnifique fresque de Michel-Ange sur la Création où l'on voit la main de Dieu touchant la main d'Adam pour lui donner la vie. Lorsque nous prions, c'est la même chose, nous allons pouvoir laisser Dieu nous toucher, lui qui nous attendait pour cela. La prière est simplement un temps d'écoute et d'amour, la rencontre de l'être humain avec le mystère du Divin.

Le manque de pardon dans notre vie nous empêche de voir la beauté de Dieu qui remplit le moindre recoin de l'univers. La prière nous ouvre cette fenêtre. Paul nous dit :

« Priez sans cesse[89]. » Prier, c'est construire un autel au cœur de la violence et du conflit pour ramener la beauté dans nos cœurs.

Jésus nous apprend à prier pour nos ennemis et pour ceux qui nous persécutent. La prière est le plus puissant outil qui soit contre les ennemis qui nous habitent ou qui peuplent le monde. Le simple fait que nous pensions avoir des ennemis manifeste que quelque chose en nos cœurs arrête la beauté. En priant pour nos ennemis, nous reconnaissons que, souvent, ce n'est pas l'autre qui nous blesse, mais plutôt la perception de nous-mêmes que nous projetons sur l'offenseur. Lorsque nous prions pour nos ennemis, nous prions aussi pour nous-mêmes. La prière nous force à abandonner l'illusion que l'autre est différent de moi. La vision que Dieu a sur nous tous est l'unité.

Le pardon donne des ailes à la prière. La prière nous libère de toute illusion. Et c'est en écoutant la voix de l'Esprit qui nous conduit jusqu'au cœur, siège de nos émotions. Le Seigneur nous dit : *« Mais toi, quand tu pries, retire-toi dans ta pièce la plus retirée, ferme la porte*[90]. » Une autre façon de dire : entre en ton cœur, jusqu'à cet endroit où tu peux être toi-même, rien que toi-même, et ôte ton masque. Quand on entre dans la chambre de son cœur, on y emmène chacun, surtout ceux avec lesquels nous ne sommes pas en paix. Entrer dans la chambre de son cœur en fermant la porte permet de faire de la place à Dieu et à l'autre dans cette solitude. Quand on prie, on se relève touché par la grâce, même si on ne la sent pas. La préface commune n° IV l'exprime : « Tu n'as pas besoin de notre louange et pourtant, c'est toi qui nous inspires de te rendre grâce : nos chants n'ajoutent rien à ce que tu es, mais ils nous rapprochent de toi. »

89. 1 Th 5, 17.
90. Mt 6, 6.

Chaque jour, nous sommes invités à la *métanoïa*[91]. C'est là que nous revenons à ce que nous sommes réellement. Il ne s'agit pas d'une introspection, d'un retour sur soi, mais plutôt d'une réflexion, nous rentrons en nous-mêmes. Lorsque nous entrons dans cette démarche d'abandonner jugements, épée et remparts, le pardon est l'allié de la prière. Nous reconnaissons là combien nous avons besoin d'un renouveau spirituel par la grâce de Dieu. Le théologien allemand Karl Rahner suggère que nous expérimentons l'Esprit de Dieu plus profondément en accomplissant les tâches ordinaires de la vie quotidienne dans une oblation anonyme, où nos bonnes actions ne se voient pas et ne peuvent être jugées par les autres. Dans un de ses livres, il nous encourage à chérir les occasions où nous nous sommes sacrifiés, ou ces moments où nous avons pardonné à l'autre sans en recevoir de reconnaissance ni de récompense car, dit-il, « l'expérience que l'on fait là est une expérience d'éternité ». Quand nous prions, l'Esprit nous conduit à faire une expérience de la beauté. Le miracle est le pardon.

6. Le pardon dans la poésie et dans l'art

Les thèmes choisis dans la poésie et dans l'art tournent souvent autour de la guérison et du pardon. Chaque fois que nous faisons l'expérience de ces trésors, c'est comme si on ôtait une nouvelle couche. La beauté nous conduit dans ces lieux où pardon et guérison interviennent profondément.

Saint François d'Assise, à travers son *Cantique des Créatures* – composé juste après avoir reçu les stigmates en 1224 – exprime sa spiritualité du pardon. Ses frères et lui parcouraient les rues d'Assise en chantant ce cantique,

91. Philippe Dautais la définit ainsi : « La Métanoïa se rapporte à un mouvement de conversion ou de retournement par lequel l'homme s'ouvre à plus grand que lui-même en lui-même ».

appelant les passants à la louange et au pardon. Après l'apparition des stigmates, François retourne auprès des lépreux, pour être au milieu d'eux comme le Christ, le plus petit. L'hiver est très rigoureux et sa vision baisse. Il devient presque aveugle, on lui couvre les yeux dans la journée pour éviter la brûlure du soleil. Et il compose ce Cantique – paroles et musique – au cœur d'une intense souffrance.

Dans ce poème, François invite la création tout entière à se joindre à lui pour louer Dieu, se réjouir de la beauté du soleil et de la lune, de la merveille du vent, de l'eau, du feu et des magnifiques fleurs créées par Dieu. Soleil, lune et vent deviennent pour lui les symboles de la Trinité. Il y voit Dieu Père, Fils et Saint-Esprit présent dans l'univers. Aussi le monde pour lui est-il un lieu merveilleux, même au cœur de la souffrance. Il est important de noter que c'est dans ce même cantique que saint François déclare que le pardon et l'acceptation des fardeaux de la vie sont tout aussi dignes de notre gratitude et de notre louange : « Loué sois-tu, mon Seigneur, par ceux qui pardonnent pour ton amour et supportent maladies et tribulations. Heureux ceux qui les supporteront en paix, car par toi, Très-Haut, ils seront couronnés. » Et le cantique s'achève sur la mort corporelle vécue en l'état de grâce : « Heureux ceux qu'elle trouvera dans tes très saintes volontés, car la seconde mort ne leur fera pas mal. »

Le cœur de ce cantique, c'est le pardon. L'évêque et le maire d'Assise se battaient et se considéraient comme deux ennemis, aussi François ajoute-t-il une ligne sur le pardon pour que prenne fin la querelle qui déchirait la cité. Sa composition l'aidera aussi lui-même à traverser les querelles dans sa propre vie. Il avait du mal à pardonner à son père, Pierre Bernardone, pour les blessures qu'il lui avait infligées et à son Père du ciel pour avoir créé un monde imparfait comme il le voyait avec sa maladie, la décadence de l'Église et les divisions au cœur de la communauté qu'il avait fondée.

La dernière ligne du cantique était prévue pour être chantée après chaque verset : « Louez et bénissez mon Seigneur, rendez-lui grâce et servez-le en grande humilité. » François avait compris que seule l'humilité lui permettrait de chercher le pardon auprès des autres et de leur donner le pardon lui-même. Quand il eut expérimenté ce miracle, il partit alors pour la paix éternelle avec ces mots : « Commençons, frères, car jusqu'à maintenant, nous n'avons rien fait. »

Le pardon est un thème souvent repris dans l'art. Lorsque l'on étudie le tableau représentant saint Martin de Porrès, on y voit combien le dix-septième siècle en avait fait le symbole de la réconciliation entre les races et les conflits du monde animal. Saint Martin était un mulâtre, fils illégitime d'une noble espagnole et d'un esclave africain, qui devint célèbre pour son humilité et sa compassion envers tous les êtres vivants. Nous voyons en lui la prophétie d'Isaïe se réaliser : *« Le loup habitera avec l'agneau, le léopard se couchera près du chevreau, le veau et le lionceau seront nourris ensemble, un petit garçon les conduira*[92]. »

Le tableau – repris pour des images pieuses – décrit un épisode survenu dans la cuisine du couvent dominicain de saint Martin, où le saint nourrissait souvent les animaux entre deux visites aux pauvres et aux malades. C'est au cours de sa béatification que ce récit a été connu. La compassion de Martin était si grande qu'à ses pieds, chien, chat et souris étaient à la même écuelle, ennemis jurés mangeant paisiblement côte à côte ! Cette œuvre d'art, ayant certainement aussi en arrière-fond le contexte plus général d'une culture opprimante dans laquelle Martin ne cadrait pas bien à cause de ses origines mixtes, représente, avec des milliers d'autres, la réconciliation entre cultures, races et religions.

La joie et la paix qui découlent du pardon entretiennent comme un réservoir d'amour en nos cœurs

92. Is 11, 6.

et nous permettent de sentir Dieu dans ceux qui nous entourent. Au fur et à mesure que nous progressons sur un chemin de discernement, de pardon et de réconciliation, nous découvrons que nous sommes entourés de la beauté de l'amour et de la grâce de Dieu. La chaleur de l'amour éternel de Dieu nous permet de découvrir la beauté en nous et chez les autres, et nous prépare à l'éternelle beauté qui vient de l'étreinte chaleureuse d'un Dieu qui aime et qui pardonne.

7. Pour continuer sur la voie de la beauté

1. Mettez-vous en présence de Dieu pour recevoir son amour, sa miséricorde et sa compassion. Laissez remonter une blessure en partie guérie. Pensez combien cette blessure a fait de vous un être davantage aimant et compatissant. Comment cette blessure vous a-t-elle fait grandir ? Rendez grâce à Dieu pour ce chemin de croissance et demandez au Seigneur de poursuivre la guérison commencée en vous. Concluez par la lecture du passage de l'évangile de Jean 20, 19-23[93]. Imaginez Jésus en train de vous dire *Shalom* (terme hébreu pour : « réparer ce qui a été brisé ») et demandez au Seigneur de pouvoir être instrument de son *Shalom* pour ceux que vous rencontrerez aujourd'hui.

2. Regardez le tableau du *Retour du Fils Prodigue* de Rembrandt. Quelle est la particularité des mains du père ? Qu'est-ce que le fils aîné a de particulier ? Et le fils cadet,

---

93. *« Le soir venu, en ce premier jour de la semaine, alors que les portes du lieu où se trouvaient les disciples étaient verrouillées par crainte des Juifs, Jésus vint, et il était là au milieu d'eux. Il leur dit : "La paix soit avec vous !" Après cette parole, il leur montra ses mains et son côté. Les disciples furent remplis de joie en voyant le Seigneur. Jésus leur dit de nouveau : "La paix soit avec vous ! De même que le Père m'a envoyé, moi aussi, je vous envoie." Ayant ainsi parlé, il souffla sur eux et il leur dit : "Recevez l'Esprit Saint. À qui vous remettrez ses péchés, ils seront remis ; à qui vous maintiendrez ses péchés, ils seront maintenus" ».*

la tête rasée et la sandale cassée ? Laissez le tableau parler à votre cœur et concluez en lisant Luc 15.

3. Exercice : pensez à quelqu'un qui vous a troublé et occupe de l'espace dans votre tête. En pensée, embrassez-le, bénissez-le et priez pour lui, pour elle. Ensuite, chassez cette personne de votre tête. Essayez plusieurs jours de suite et voyez si vous ne pouvez pas adopter cette pratique spirituelle de façon régulière.

4. La quatrième étape des Alcooliques Anonymes est de « procéder sans crainte à un inventaire moral approfondi de nous-mêmes ». La cinquième est d'« avouer à Dieu, de nous avouer à nous-mêmes et d'avouer à un autre être humain la nature exacte de nos torts ». Il n'est jamais facile de définir les domaines de notre vie qui ont besoin de guérison et, ensuite, de le partager à quelqu'un. Pensez à faire ces deux étapes. Même si cela vous prend beaucoup de temps et d'énergie, vous verrez la différence que cela fera dans votre vie.

5. Priez le *Cantique des Créatures* de saint François d'Assise. Soyez particulièrement attentif à ces lignes : « Sois loué, Seigneur, par ceux qui pardonnent par amour pour toi », ainsi que : « Heureux ceux qui souffrent en paix ». Faites de ces deux phrases comme un mantra pendant plusieurs jours, laissant les mots passer de vos lèvres à votre tête, puis à votre cœur.

Chapitre IV

Beauté et Gratitude

Les œuvres de beauté ouvrent notre cœur à la gratitude. En même temps, la gratitude nous ouvre les yeux pour que nous voyions la beauté. Saint Bonaventure et saint Ignace de Loyola enseignaient tous les deux que l'ingratitude est à la source du péché. Saint Bonaventure de son côté croyait que le péché est le crime d'ingratitude. Saint Ignace, lui, écrivait :

> « L'ingratitude est le péché le plus abominable [...] car on oublie les grâces, les bénéfices, les bénédictions reçus. En tant que telle, elle est la cause, le départ et l'origine de tous les péchés et malheurs. »

Une attitude ingrate nous aveugle sur la beauté et apporte souvent dissonance et ténèbres. La gratitude est l'antidote aux effets des ténèbres dans notre monde. Maître Eckhart le disait bien lorsqu'il écrivait que si « Merci » était notre unique prière, cela suffirait. C'est une spiritualité de la gratitude qui refait l'humanité et donne l'espérance.

On demandait un jour au cardinal Suenens : « Pourquoi êtes-vous plein d'espérance, même aujourd'hui ? » Sa réponse donne le cadre d'une spiritualité de gratitude et d'espérance :

> « Parce que je crois que Dieu est nouveau chaque matin. Je crois que Dieu crée le monde aujourd'hui, en ce moment même. Il ne l'a pas créé il y a longtemps, il ne l'a pas oublié. Cela signifie que nous devons attendre l'inattendu comme étant la façon normale pour la Divine Providence de se manifester. »

Sa foi aidait le cardinal Suenens à franchir le pont conduisant de la gratitude à l'espérance.

La gratitude est une attitude à cultiver, qui vient du plus profond de l'âme humaine. Il est bon d'être reconnaissant et de développer l'habitude de dire « Merci ». La gratitude est cependant davantage que le fait de reconnaître les bonnes choses. La gratitude invite à dire merci même si tout ne va pas bien, ou durant des périodes d'incertitude. La raison est que la gratitude est une expression de la foi et pas un simple « merci » pour une bonne action faite envers nous. La gratitude découle de l'expérience de l'amour et s'exprime dans la joie. Chesterton écrivait que de la gratitude viennent « les moments les plus heureux que l'homme ait connus ». Le cardinal Suenens exprimait clairement ce qu'il pensait être la source de l'espérance et de la gratitude lorsqu'il disait :

> « Je suis plein d'espérance car je crois que l'Esprit Saint demeure toujours l'Esprit Créateur et qu'il nous donnera chaque matin une nouvelle liberté et une nouvelle réserve d'espérance, si nous lui ouvrons notre âme. »

Vivre de l'Esprit est un mode de vie qui retient notre attention et exige une réponse.

Être absorbé dans la gratitude est un don de l'Esprit qui fait de nous des canaux d'espérance pour les autres. L'espérance n'est pas un rêve, mais une façon de permettre que les rêves deviennent réalité. « Heureux ceux qui rêvent leurs rêves et sont prêts à payer le prix pour qu'ils deviennent réalité[94] ! » La gratitude et l'espérance sont les deux faces d'une même pièce. En ces temps où l'espérance est si faible, nous avons un besoin pressant de spiritualité de la gratitude. La gratitude suscite le meilleur en nous, car elle nous conduit à la source de la beauté du monde. L'espérance est le résultat de nos images et croyances sur Dieu, qui s'expriment dans une spiritualité de la gratitude.

1. Les images de Dieu

Le langage ne peut exprimer la plénitude du mystère de Dieu. Les Écritures racontent l'expérience d'Israël avec son Dieu. Les diverses images, souvent contradictoires, de Dieu dans les Écritures nous poussent à nous ouvrir à des images qui défient toute définition. Nous en voyons quelques-unes dans les livres prophétiques des Écritures tels Osée, Jérémie et Isaïe. Les images décrites dans ces livres ont inspiré les artistes tout au long des siècles.

Le Dieu d'Osée est un Dieu Père qui aime son enfant de façon inconditionnelle et a le cœur brisé lorsqu'il s'en va. Bien que l'enfant mérite d'être puni, le père aimant étend sa miséricorde et sa bonté.

> « *J'ai aimé Israël dès son enfance* [...]. *C'est moi qui lui apprenais à marcher* [...]. *Vais-je t'abandonner, Éphraïm ?* [...] *Mon cœur se retourne contre moi ; en même temps, mes entrailles frémissent*[95]. »

Voilà un thème central dont Israël prend conscience, car il a fait l'expérience de la fidélité et de la patience sans bornes

94. Léon Joseph Suenens, in *La critique*, novembre 1970.
95. Os 11, 1-8.

de Dieu lorsqu'il a erré et s'est éloigné de son alliance avec Dieu.

Jérémie reprend cette tradition paternelle des images de Dieu qui viennent de son expérience d'amour. Il écrit :

> « *Éphraïm n'est-il pas pour moi un fils précieux, n'est-il pas un enfant de délices, puisque son souvenir ne me quitte plus chaque fois que j'ai parlé de lui ? Voilà pourquoi, à cause de lui, mes entrailles frémissent ; oui, je lui ferai miséricorde – oracle du Seigneur*[96]. »

Dieu est celui qui nous conduit sur le chemin qui nous ramène à la maison.

> « *Alors, je conduirai les aveugles sur un chemin qui leur est inconnu* [...]. *Je changerai, pour eux, les ténèbres en lumière ; les lieux accidentés, je les aplanirai*[97]. »

L'expérience qu'a Isaïe de Dieu est une expérience de miséricorde et de bonté, et c'est cela qui a préparé son cœur à accueillir la beauté et à rédiger ces magnifiques paroles sur le Dieu qu'il a rencontré.

Les nombreuses images de Dieu dans les Écritures témoignent que la quête de l'homme de connaître Dieu ne sera jamais satisfaite sur cette terre. Le Dieu du mystère est vraiment un Dieu de surprises. Le livre de Jonas nous décrit le combat de l'homme pour accepter le désir de Dieu sur lui. Le prophète Jonas ne voulait pas aller à Ninive condamner la méchanceté de la ville et lorsqu'il tenta de perdre la vie en se noyant dans l'océan, Dieu lui envoya une baleine pour le sauver. Il resta trois jours dans son ventre et quand il atteignit le rivage, il prêcha la repentance aux Ninivites. Le Dieu qu'il imaginait furieux était en fait rempli de compassion et de miséricorde pour tout ce peuple. Jonas lui-même était

96. Jr 31, 20.
97. Is 42, 16.

furieux car il n'acceptait pas un Dieu qui pardonnât aux Ninivites alors que les Israélites continuaient de souffrir. Le livre de Jonas nous montre bien comment nous projetons notre colère sur Dieu et combien nous le recréons à notre image et ressemblance.

Les images de Dieu se développent et changent dans les Écritures. Ces images sont influencées et limitées par la culture dominante de l'époque. Par exemple, au quatrième siècle avant J.-C., au temps du prophète Jérémie, les occupations principales à Jérusalem et dans ses environs étaient l'agriculture et la poterie ; c'est pour cela que le prophète se sert de ces expériences comme métaphores pour décrire les images de Dieu. Jérémie se sert de cette image dans le passage :

> « *Maison d'Israël, est-ce que je ne pourrais pas vous traiter comme fait ce potier ? – oracle du Seigneur. Oui, comme l'argile est dans la main du potier, ainsi êtes-vous dans ma main, maison d'Israël*[98] *!* »

L'être humain est façonné dans les mains du potier et les images de Dieu se précisent :

> « *Je descendis donc à la maison du potier. Il était en train de travailler sur son tour. Le vase qu'il façonnait de sa main avec l'argile fut manqué. Alors il recommença et il fit un autre vase, selon ce qu'il est bon de faire, aux yeux d'un potier*[99]. »

En plus de celles que nous venons de décrire, il y a de nombreuses autres images de Dieu dans les Écritures. Par exemple, quelques-unes des images rapportées dépeignent l'Éternel comme un fermier[100], une sage-femme[101] ; Dieu

98. Jr 18, 6.
99. Jr 18, 3-4.
100. Is 5, 1-7 ; 1 R 4, 25 ; Jr 13, 12-14.
101. Jb 38, 28-29 ; Is 66, 9 ; Ez 16, 2-5.

comme un père punissant[102] ; la sagesse comme une femme[103] qui sert un repas[104].

Le Nouveau Testament emploie souvent des histoires pour expliquer la façon dont la vie de Jésus a changé l'expérience de Dieu qu'en avaient les hommes. Par exemple, dans le récit de la femme adultère[105], Jésus invite le peuple à dépasser la Loi de Moïse[106] qui exigerait une punition vengeresse. Saint Paul est le meilleur exemple de quelqu'un dont les images de Dieu ont changé du tout au tout une fois qu'il eut rencontré Jésus. Dans les Actes des Apôtres, Paul est rempli de colère et de violence à l'égard des disciples de Jésus. Dans le récit de sa conversion, on voit comment Jésus ne condamne pas Paul, mais l'aime et l'invite à la conversion[107]. Paul décrit ainsi sa nouvelle expérience de Dieu à travers des sentiments fervents :

> « *Ni aucune autre créature, rien ne pourra nous séparer de l'amour de Dieu qui est dans le Christ Jésus notre Seigneur*[108]. »

Un bon nombre d'entre nous ont grandi avec une image de Dieu basée sur la théologie de la réparation de saint Anselme, qui soutient que le Père a envoyé Jésus au monde sous une forme humaine parce que les hommes étaient incapables d'obéir et de plaire à Dieu à la mesure qu'il méritait[109]. La théologie de saint Anselme soutenait que Jésus devait mourir sur la Croix en réparation devant le Père du péché de l'humanité. Dun Scott et l'école franciscaine tenaient un langage diamétralement opposé à cet

102. Pr 24, 32 ; Pr 13, 24.
103. Pr 8, 17 ; Sir 14, 22-27.
104. Pr 9, 1-6.
105. Jn 8, 5.
106. Lv 20, 10 ; Dt 22, 20.
107. Ac 9, 1-22.
108. Rm 8, 39.
109. Saint Anselme, *Cur Deus Homo*, Lulu.com, 2005.

enseignement. La position franciscaine soutient que Dieu n'a pas envoyé son Fils Jésus dans le monde à cause de notre péché, mais que Jésus est venu comme signe et symbole du grand amour de Dieu pour nous, pour nous inviter à entrer dans le cercle d'amour qu'est la Trinité.

Un tableau célèbre de W. H. Hunt, *La Lumière du monde*, présente une image de Dieu plus proche de l'école franciscaine que de la théologie d'Anselme. Son image est très intéressante car elle place la responsabilité sur nous. Le tableau représente Jésus qui frappe à une porte qui n'a pas de poignée et que l'on ne peut donc ouvrir de l'extérieur. Par conséquent, c'est à nous d'ouvrir la porte et d'inviter Jésus à entrer dans nos cœurs ; l'initiative nous revient. C. S. Lewis commentait cette toile en écrivant : « Les portes de l'enfer sont fermées de l'intérieur. » Bien que l'Incarnation soit une invitation de Dieu à vivre en intimité avec lui, c'est à nous de répondre à cette invitation.

La descente aux enfers du Samedi saint est au cœur de l'enseignement de Balthasar sur la beauté. Jésus sauve Adam et Ève des ténèbres de l'enfer et les conduit à la lumière de la Résurrection. Bouleversé par l'amour rédempteur de Dieu, Balthasar écrit ceci :

> « L'amour de Dieu est grand, au-delà de toute comparaison. Il n'a d'autre source que lui-même et provient toujours de plus loin et nous conduit encore plus loin que ce que j'aurais pu penser ou imaginer… Ce que je soulève a déjà été soulevé depuis bien longtemps par l'amour de Dieu[110]. »

L'art et la poésie nous proposent des images de ce Dieu qui nous invite dans son cœur aimant. Une fois que nous sommes transformés par son amour passionné pour nous, nous n'avons plus qu'à vivre une vie aimante, à devenir des

110. Hans Urs von Balthasar, *The von Balthasar Reader*, éd. Medard Kehl and Werner Loser, trans. Robert J. Daly and Fred Lawrence (New York : Crossroad, 1982).

œuvres de beauté nous-mêmes. Balthasar considérait que la gratitude est la meilleure réponse à donner à Dieu qui nous offre son amour :

> « Ce serait ingratitude envers notre Rédempteur et donateur de grâce de ne pas voir en la grâce quelque chose de complètement nouveau. »

Dans sa réflexion sur l'Incarnation, il écrit :

> « Il ne s'agit pas tant de notre mouvement vers Dieu que de son mouvement vers nous. C'est le ciel qui fait irruption dans notre monde… qui fait descendre la lumière divine parmi les êtres humains non seulement pour briller sur eux, pour les illuminer, les purifier et les réchauffer, mais, par la grâce, pour qu'ils brillent à leur tour d'une lumière qui n'est pas de ce monde. »

Le signe le plus certain que nous sommes bien unis au Dieu que saint Jean définit comme étant l'Amour est que la louange déborde de nos lèvres.

2. Louange et gratitude

Les Psaumes sont la plus belle expression de la louange et de la gratitude dans toute la Bible. Le Psaume 135 est un exemple stupéfiant de la beauté de la gratitude. Il commence ainsi : *« Rendez grâce au Seigneur car il est bon »*, suivi de la même antienne à chacun des vingt-six versets : *« Car éternel est son amour ! »* Ce Psaume est une litanie de gratitude qui se chante au cours de la liturgie de la célébration de Pâques.

Le terme hébreu pour amour-bonté, *hesed*, apparaît dans tous les versets. Il se rapporte à l'alliance que Dieu a faite avec son peuple et on la trouve cent vingt-sept fois dans tous les psaumes. Le psalmiste place *hesed* dans le « ici et maintenant » du verset 23 : *« Il se souvient de nous, les humiliés, éternel est son amour !* » Le but de ce Psaume est bien de rendre grâces à Dieu pour sa *hesed*, son plus grand attribut.

Comme dans de nombreux psaumes, le Psaume 135 reprend en poésie ce que d'autres passages de la Bible expriment en prose, ajoutant une nouvelle couche de beauté au récit. Les versets 5-9 sont mis en musique afin de louer Dieu pour ce que nous lisons dans Genèse 1 :

> « *Lui qui fit les cieux avec sagesse,*
> *Éternel est son amour !*
> *Qui affermit la terre sur les eaux,*
> *Éternel est son amour !*
> *Lui qui a fait les grands luminaires,*
> *Éternel est son amour !*
> *Le soleil qui règne sur le jour,*
> *Éternel est son amour !*
> *La lune et les étoiles, sur la nuit,*
> *Éternel est son amour*[111] *!* »

Le thème de l'exode est exprimé dans la poésie des versets 10 à 22 avec la même beauté. La base de l'action de grâce dans ce Psaume, comme c'est le cas dans beaucoup d'autres, est la bonté de Dieu telle qu'on l'expérimente dans le cadeau de la Création et de la Rédemption.

La leçon que l'on peut tirer de ces psaumes est que la louange et la gratitude sont interchangeables. Personnellement, chaque soir avant de me coucher, je prie un psaume. J'achève par un exercice de réflexion qui m'aide à réciter des prières de louange et de reconnaissance. Comme bien des gens, j'ai tendance à me concentrer sur ce qui n'a pas été plutôt que sur ce qui s'est bien passé dans ma journée. Par exemple, lorsque je reçois des évaluations de mes cours par les étudiants, il peut y en avoir vingt-cinq positives pour une négative. Au lieu de me réjouir des vingt-cinq, je me focalise sur celle qui est négative. Pour inverser cette

111. Ps 135, 5-9.

tendance, après avoir prié un psaume le soir, je me force à réfléchir à trois moments de la journée pour lesquels je veux louer et rendre grâces. Après chacun d'eux, j'ajoute : *« car éternel est son amour »*. Cette petite pratique spirituelle a changé ma vie et je suis désormais bien conscient de la beauté de chacune de mes journées, à la fois dans les bons moments comme dans les plus difficiles. Dieu est présent dans les deux, c'est pourquoi je lui rends grâces et le bénis.

Le chrétien a une raison de plus de louer et de rendre grâces, qui est la Résurrection de Jésus ; nous rendons grâces parce que le monde est recréé, tout est Alléluia ! La Résurrection nous assure que l'amour est plus fort que la mort, ce *plus* dans l'équation de la vie annule tous les *moins* et cette petite étincelle de lumière montre que la nuit est finie. Par la Résurrection, nous pouvons être comme Zorba le Grec, le paysan du roman de Nikos Kazantzakis, béni du don de gratitude et d'amour de la vie ; Zorba arrive à danser même au milieu des tragédies de la vie. Nous aussi, nous pouvons danser, car Jésus-Christ s'est acquis la victoire sur le péché et la mort. L'Alléluia est notre seule réponse et notre façon de vivre.

La gratitude est une expression de foi qui célèbre la vie au cœur de toutes ses incertitudes et tensions. La foi nous permet de rendre grâces même quand les choses ne vont pas bien car nous savons que tout ira bien. Ce qui confirme ce que Julienne de Norwich dit : « Dans tous les domaines, tout ira bien et tout ira bien, et quelle que soit la manière employée, tout ira bien. » C'est ce qui nous permet d'être dans la reconnaissance au cœur de toute difficulté dans la vie. La gratitude est une décision, elle n'est pas un sentiment. Cherchons comment nous pouvons la pratiquer.

Soyons prompts à louer et lents à condamner. Commençons par ce qui vient tout naturellement, rendons grâces pour le bon et le beau. Pas besoin de vivre de grands événements pour cela, il suffit des petites choses que nous vivons tout au long du jour. Disons : « Merci, Seigneur ! » dès que nous nous réveillons. Indépendamment de ce que nous pouvons penser, nous sommes en vie et nous respirons. Dieu nous offre un nouveau matin sur cette terre et nous ne connaissons pas les surprises que ce jour va nous apporter. Alors, commençons en disant : « Merci ».

Une fois qu'on y est habitué, on peut continuer vers l'étape suivante, qui est de rendre grâces quand les choses ne vont pas bien ou qu'elles ne sont pas belles. Considérons toutes ces situations comme autant d'occasions de vivre une transformation personnelle, car c'est dans les difficultés que nous grandissons le plus, et pas quand nous surfons sur le haut de la vague. C'est lorsque nous sommes au fond du trou que nous avons la possibilité d'approfondir notre dépendance à Dieu. Notre prière peut alors être :

> « Seigneur, je n'ai pas vraiment envie de te louer et de te rendre grâces, mais je veux saisir ce moment de nuit et de douleur comme une occasion de me rapprocher de toi et de te laisser te rapprocher de moi. Je ne me sens pas reconnaissant, mais, dans la foi, je choisis de poser un acte de gratitude. »

C'est cette force de la gratitude que le psalmiste chante. Les psaumes reconnaissent la colère, la peur, la déception, la dépression, l'angoisse et même le désespoir ; cependant, ils nous appellent à une prière de reconnaissance. Le Psaume 117 en est un bel exemple ; il rassemble un tas d'émotions conflictuelles qui, néanmoins, s'achèvent par la louange et l'action de grâce. D'un souffle, nous prions : « *Dans mon angoisse, j'ai crié vers le Seigneur*[112] » ; « *Toutes les nations m'ont encerclé*[113] » ; « *On m'a poussé, bousculé pour m'abattre*[114] » et nous achevons en reconnaissant que Dieu ne nous abandonne pas dans ces moments-là : « *Ma force et*

112. Ps 117, 5.
113. *Ibid.* 10.
114. *Ibid.* 13.

mon chant, c'est le Seigneur ; il est pour moi le salut[115]. » C'est la raison pour laquelle ce Psaume 117 était le préféré de Martin Luther qui écrivait :

> « Voilà le Psaume que j'aime... parce qu'il m'a servi si souvent et m'a délivré de ma profonde affliction quand ni l'empereur, ni les rois, ni le sage, ni le rusé, ni les saints ne pouvaient ou ne voulaient venir à mon aide. »

Surprise et émerveillement nous libèrent pour que nous puissions remercier et louer, même au cœur d'émotions et d'événements difficiles. La vie est un mystère à vivre plutôt qu'un problème à résoudre. Lorsque nous prenons un peu de distance et respirons profondément au milieu des épreuves et des tribulations, nous pouvons reconnaître que nous ne sommes pas le centre de l'univers. C'est là la position contemplative des Psaumes qui rendent grâces en toute circonstance.

J'étais tout juste ordonné lorsqu'on m'a confié l'enseignement auprès de jeunes garçons au collège. Une des expériences mémorables était l'heure auprès des élèves de la classe de cinquième. L'un d'eux, Richard, s'asseyait chaque semaine la tête sur son bras, bien installé pour ces soixante minutes de rêve. Un jour, je lui demandai : « À quoi pensestu durant cette heure d'étude ? » Il me répondit : « À ma petite amie. » Je lui dis alors : « Pendant combien de temps peux-tu penser à elle ? » Il me répondit : « Toute la journée. » Sans le savoir, Richard était un contemplatif, complètement absorbé dans l'instant. Penser à sa petite amie comblait son cœur de reconnaissance, car elle était un cadeau pour lui. Dix ans plus tard, je célébrais son mariage ; Richard épousait celle qu'il contemplait déjà en cinquième, ce qui me donna des éléments pour une bonne homélie de mariage !

Savourer est un autre terme pour la gratitude. Un cœur reconnaissant embrasse l'instant présent et le vit pleinement.

115. *Ibid.* 14.

Le contemplatif reconnaissant voit combien l'instant présent est précieux et plein de la force de la Résurrection. Un jour, un homme était soucieux car il devait payer ses factures et n'avait pas assez d'argent sur son compte bancaire. Dans la foi, il fit les chèques et de l'argent arriva juste à temps pour que son compte ne soit pas à découvert. Du coup, il emmena sa femme au restaurant et, trempant un morceau de viande dans la sauce, le lui mit dans la bouche en disant : « Goûtons et voyons comme est bon le Seigneur[116]. » Il l'invitait par là à savourer la joie de l'instant et à se joindre à lui dans l'action de grâce.

Lorsque nous pensons à la prière, nous pensons souvent à un ensemble de mots. Or, *savourer*, c'est prier sans mots, c'est se laisser prendre dans l'extase et dans l'ordinaire de l'instant. C'est là que nous commençons à reconnaître que tout est don. Progressivement, la pratique de la gratitude devient un mode de vie. Un frère Capucin, Felix de Cantalice, qui vivait au seizième siècle, saluait chacun avec les mots « *Deo Gratias* », ce qui l'obligeait à le dire des centaines de fois chaque jour. Dans ses veines coulait la gratitude et il refusait l'entrée de son âme à toute pensée négative. Tous les habitants de la ville l'avaient affectueusement baptisé « frère Deo Gratias » et réclamèrent à sa mort sa canonisation immédiate.

Savourer l'instant présent, vivre dans la gratitude et accueillir la guérison forment trois points importants de notre vision de la vie chrétienne. Le mystique allemand Tauler illustre cela lorsqu'il partage ce qu'il a vécu en rencontrant un mendiant. Il lui dit : « Je te souhaite une bonne journée », ce à quoi le mendiant lui répond : « Chaque jour est une bonne journée. » Tauler lui demande alors ce qu'il veut dire. Il répond : « Si le soleil brille, je loue le Seigneur ; s'il pleut, je loue le Seigneur ; quoiqu'il arrive, je loue le

116. Cf. Ps 34, 9.

Seigneur. » Tauler lui dit alors : « Mais qui es-tu ? » Le mendiant répond : « Je suis un roi. » « Et où se trouve ton royaume ? » « Au-dedans de moi. »

Oui, le royaume est au-dedans de vous. Vous êtes un roi, une reine et c'est pour cela que saint Paul disait : *« À tout moment et en toutes choses, rendez grâces*[117] *! »* Non pas parfois, non pas la plupart du temps, mais *« à tout moment »*.

3. Les fruits d'une vie reconnaissante

La gratitude nous ouvre les yeux sur la beauté d'une manière nouvelle. Plutôt que nous nous concentrions sur les défauts, la gratitude nous ouvre à la beauté et nous la voyons en toutes choses. Je prêchais récemment une retraite à laquelle participait une religieuse photographe. Elle me demanda si elle pouvait offrir une photo à chacun des retraitants. Vous auriez vu la joie de chacun, piochant dans le panier plein de ses petits trésors au pied de l'autel. Lorsque mon tour arriva, je piochai les yeux fermés et, à ma grande surprise, je découvris ce que j'avais reçu : un chat noir avec des yeux noirs perçants. Aussitôt, je fus tenté de replacer la photo dans le panier, bien sûr à cause de cette superstition à propos des chats noirs qui portent malheur (!).

Comme tous les retraitants me regardaient, je ne pus m'exécuter et changer d'image. J'étais coincé avec la mienne, qui me terrifiait. Dans les jours qui suivirent, je décidai de passer du temps chaque jour à contempler la photo et à demander au Seigneur de me donner un nouveau regard. Un miracle se produit rapidement ; je finis par trouver beau ce qui jusque-là était pour moi très laid. J'ai commencé à rendre grâces au Seigneur pour les chats noirs. Depuis ce

---

117. Ep 5, 20.

jour-là, la gratitude m'a donné de voir la beauté de lieux que je n'avais jamais pensé à regarder.

La beauté nous ouvre une nouvelle porte et engendre en nous une culture de bonté et de gentillesse. Dans le monde stressé où nous vivons, nous sommes si pressés que nous perdons la moitié de ce qui est autour de nous. La gratitude nous ralentit, la décision d'être reconnaissant nous force à remarquer ce qui se passe à chaque seconde de chaque jour. Nous vivons dans une société qui place au premier plan le travail et la richesse, qualités qui ne sont ni bonnes ni mauvaises en elles-mêmes. Elles deviennent mauvaises lorsqu'on en fait nos dieux. La gratitude peut transformer la lourdeur de notre lieu de travail en une magnifique cathédrale pour l'œil humain. La gratitude est contagieuse. Dès que l'on commence à découvrir la beauté dans nos collègues de travail et dans le travail à faire, on commence à transformer l'environnement. Ce qu'un jour vous trouviez stérile vous semble beau maintenant. Par la reconnaissance, vous pouvez faire de votre lieu de travail un jardin plein des trésors que sont la paix, l'amour et la joie.

On peut aussi vivre en demeurant négatif et trouver que c'est un mode de vie normal. Nous finissons par *devenir* les pensées négatives que nous portons. Parfois, il nous arrive des choses difficiles qui nous mettent en colère ou nous déçoivent. Nous avons le choix de reconnaître l'expérience négative et de nous en débarrasser. Nous devrions prendre comme règle d'or de ne jamais laisser une pensée négative demeurer dans notre esprit plus de deux minutes, autrement, elle va s'y installer et il nous sera difficile de briser la chaîne du négatif.

Tout être humain possède un côté sombre qui préfère l'ombre à la lumière. Les sept péchés capitaux : paresse, orgueil, gourmandise, luxure, avarice, colère et envie, nous font vivre dans les ténèbres à chaque fois que nous les choisissons. La gratitude est un outil qui nous aide à revenir à la lumière et à nous éloigner des péchés capitaux. La gratitude entretient l'humilité (savoir que tout vient de Dieu), le partage (désirer avoir de bonnes pensées envers nos frères) et la charité (non pas ce que je peux recevoir, mais ce que je peux donner). Avoir moins, pour un cœur reconnaissant, est davantage qu'avoir plus. Cela nous permet d'être en paix, de nous réjouir du bien des autres et d'œuvrer à faire du monde une terre sacrée foulée par des pieds reconnaissants.

La gratitude, c'est accepter la vie telle qu'elle est et la vivre en plénitude. Jésus nous l'a promis : *« Je suis venu pour qu'ils aient la vie, et la vie en abondance*[118]. » Les psychologues disent que nous n'utilisons que 7 % de notre intelligence. Si c'est vrai, alors nous *tournons au ralenti* 93 % du temps. Les pensées négatives et une vie de péché nous volent de l'énergie. Être reconnaissant nous injecte de l'énergie tout au long de la journée. Quand vous vous voyez coincé par une énergie négative, répondez-y en rendant grâce à Dieu, ce qui vous ramènera sur terre et vous permettra de vivre bien au-delà de vos 7 %.

4. La gratitude, une pratique spirituelle

Thomas Merton avait pensé un jour faire *vœu de Conversation* et je lui emprunte sa large interprétation du sens du mot vœu en proposant, moi, que nous fassions un *vœu de Gratitude*. La personne humaine est faite pour la reconnaissance. Une des questions de l'ancien Catéchisme était : « Pourquoi avons-nous été créés par Dieu ? », et la réponse était : « Dieu nous a créés pour le connaître, l'aimer et le servir en cette vie et jouir ensuite et pour toujours de lui dans l'autre. » La joie pour laquelle Dieu nous a créés commence en cet instant même quand nous l'aimons et

118. Jn 10, 10.

le servons dans ce monde. La gratitude commence ici et se poursuit dans l'éternité. Le vœu de gratitude nous définit et définit notre mission dans ce monde.

Nous devons développer des pratiques spirituelles créatrices pour vivre notre vœu de gratitude. Voilà quelques suggestions pour voir comment faire de la gratitude une priorité dans notre vie quotidienne.

– *Le journal de la gratitude* : écrire est une pratique spirituelle qui représente une discipline qui vous surprendra. Quand vous commencez à écrire, vous trouvez dans vos poches une réserve d'énergie que vous ne soupçonniez pas jusque-là. Chaque jour, écrivez trois choses pour lesquelles vous êtes reconnaissant. Demandez-vous ce qui, dans tel ou tel événement ou expérience, vous rend reconnaissant et laissez monter vos sentiments. Qu'est-ce que ça vous fait d'être reconnaissant ? Donnez à votre sentiment une couleur, un son, un goût ; laissez le sentiment vivre ; la gratitude grandit si l'on savoure l'instant. L'engagement d'écrire tous les jours, même seulement quelques minutes, va faire fleurir votre vie en un beau bouquet qui mettra de la beauté dans votre monde.

– *Le chapelet de la gratitude* : le chapelet est une forme ancienne de prière qui a été adaptée de nombreuses façons par beaucoup de traditions religieuses. L'idée des grains et la répétition de la prière en font comme un « mantra » qui nous conduit à un état d'esprit paisible. Il est intéressant de voir que l'Église a ajouté des mystères à méditer lorsqu'on prie le chapelet. Il ne s'agit pas là de ne penser à rien, mais d'être présent dans le silence de l'instant ; il n'est pas toujours facile de demeurer dans un silence « conscient ». La clé est de sortir de sa tête et d'entrer dans son cœur à travers ce chapelet de la gratitude. À la fin de chaque dizaine, prenez deux minutes pour rendre grâces et conclure par cette louange : « Gloire au Père, au Fils et au Saint-Esprit, comme il était au commencement, maintenant et toujours et dans les siècles des siècles, amen. »

– *Les stations de gratitude* : pour chaque station du chemin de Croix, imaginez ce que Jésus a vécu et essayez de faire vôtre cet événement dans l'instant présent. Puis prenez un moment pour réfléchir sur l'amour du Seigneur pour vous et dites « merci » pour le don de cet amour. Concluez enfin en demandant à Dieu comment vous allez pouvoir porter ce cadeau à ceux que vous rencontrerez aujourd'hui.

– *L'examen de saint Ignace de Loyola* : les Exercices spirituels de saint Ignace sont un outil éprouvé pour la vie spirituelle. Ils sont ouverts à tous, hommes et femmes, jeunes et vieux, clercs et laïcs, catholiques et non catholiques. L'*Examen* quotidien, qu'on appelle généralement *examen de conscience*, est une pratique spirituelle transformante. Cet exercice est prévu pour favoriser l'idéal ignacien de trouver Dieu en toutes choses au cœur de l'activité de chaque jour. J'oserais ajouter, en paraphrasant saint Ignace : « Trouvez la beauté en toutes choses. » La plupart des gens choisissent de faire leur *Examen* chaque soir, mais on peut le faire à n'importe quel moment de la journée et même plusieurs fois par jour. Il existe différentes possibilités pour faire cet *Examen*, mais j'ai choisi celle qui vient de Dorothy Day, elle en parle dans son journal, *Le devoir du délice*[119].

Mettez-vous d'abord en présence du Seigneur pour avoir conscience qu'il est avec vous et que vous êtes avec lui. Essayez en inspirant de dire « Dieu avec moi » et en expirant « moi avec Dieu », ce qui vous permettra de vous détendre, de vous pacifier et d'être conscient de la présence du Seigneur. Faites ensuite ce que Dorothy Day préconisait :

– *Rendez grâces à Dieu pour ses faveurs* : laissez remonter tout ce qui vous est arrivé et soyez généreux dans votre merci à Dieu, reconnaissant que tout est don.

119. NdT : titre traduit du livre en anglais, Dorothy Day, *The Duty of Delight : The Diaries of Dorothy Day*, éd. Robert Ellsberg (Milwaukee : Marquette University Press, 2008), 129-30.

– *Mendiez la lumière* : demandez à Dieu de vous aider à voir comme il voit lui-même. Repassez la journée avec son regard et son cœur, pour voir ce qui s'est vraiment passé.

– *Enquêtez* : faites ça comme si vous dérouliez la bobine d'un vieux film. Reprenez tout ce qui s'est passé dans la journée.

– *Repentez-vous* : demandez pardon d'avoir laissé passer les appels de l'Esprit, particulièrement dans vos relations avec les autres.

– *Décidez-vous* : demandez au Seigneur son aide pour demain, pour avoir la grâce de le vivre généreusement et joyeusement, et d'être prêt à faire et à aller où le Seigneur vous demandera.

5. Les obstacles à la gratitude

L'Esprit de Dieu nous invite à vivre dans l'action de grâce pour pouvoir jouir de chaque instant et de chaque aspect de la Création. Chaque jour, nous entendons plusieurs voix et il nous faut être vigilants à tout ce qui peut nous éloigner de cette attitude de reconnaissance. Nous sommes compétitifs de nature dans notre société, la compétition est notre ADN. Nous affronter à d'autres fait partie de notre expérience humaine, que ce soit pour un poste au niveau professionnel, une victoire en sport ou la reconnaissance de nos succès. Cependant, la compétition sans gratitude revient à gagner à tout prix. Un des grands bénéfices de la reconnaissance est que nous pouvons concourir en reconnaissant que tout vient de Dieu et que ceux qui sont en face sont aussi des enfants de Dieu. Dans ce contexte, la seule bonne réponse pour avoir gagné le prix est « Merci », tout en veillant à aider les autres en chemin.

Le mot *Satan* dans les Écritures signifie s'opposer ou faire obstacle. C'est bien Satan qui nous pousse à croire que l'autre est différent de nous, ce qui divise notre esprit, notre cœur et notre monde. Ce qui ne nous conduira jamais à une attitude reconnaissante. Au contraire, nous devons suivre saint Paul qui nous dit : « *Ayez en vous les dispositions qui sont dans le Christ Jésus*[120]. » Adopter la même attitude que le Christ conduit toujours à l'unité plutôt qu'à la division.

Chaque fois que nous privilégions le polythéisme au monothéisme, nous ne pouvons être des hommes reconnaissants. Le plus grand obstacle est que souvent, nous ne sommes pas monothéistes, nous adorons d'autres dieux comme par exemple le dieu du matérialisme, de la sécularisation, de l'athéisme, qui nous trompent en nous poussant à vivre comme si Dieu n'existait pas. La gratitude commence au moment où nous nous réveillons et que nous nous mettons à genoux pour rendre grâces à Dieu, pour reconnaître qu'il est notre Seigneur et que nous n'en avons pas d'autre que lui. La reconnaissance est le mode de vie qu'il souhaite nous voir mener.

Dans sa *Prière d'action de grâce*, Walter Rauschenbusch, théologien baptiste américain du début du vingtième siècle, décrit la beauté des dons de Dieu pour nous, lorsqu'ils sont vus avec les yeux de la gratitude :

> « Ô Dieu, nous te rendons grâce pour la terre, notre demeure ;
> Pour le vaste ciel et le soleil béni,
> Pour la mer salée et pour l'eau courante,
> Pour les collines en place
> Et les vents sans repos,
> Pour les arbres et l'herbe sous nos pieds.
> Nous te rendons grâce pour nos sens
> Par lesquels nous entendons le chant des oiseaux,
> Nous voyons la splendeur des champs en été,
> Nous goûtons les fruits en automne,
> Nous nous réjouissons de toucher la neige,
> Nous humons l'air du printemps.

120. Ph 2, 5.

Accorde-nous un cœur grand ouvert pour accueillir toute cette beauté ;
Et épargne-nous de rester aveugles au point de ne rien voir autour de nous,
Quand jusqu'au plus petit buisson d'épines est embrasé de ta gloire,
Ô Dieu notre créateur qui vit et règne pour les siècles des siècles, amen[121]. »

6. Pour continuer sur la voie de la beauté

1. Observez la sculpture du Bernin de sainte Thérèse d'Avila en extase. Quels sont, selon vous, les sentiments qui étaient en elle dans cette expérience que le Bernin reproduit dans la pierre ? Quels sont les sentiments que cela suscite en vous ? Priez devant cette œuvre, laissez votre cœur et vos lèvres déborder de reconnaissance.

2. Lisez le Psaume 135 en priant le refrain « *Car éternel est son amour* ». Ce Psaume remercie Dieu pour l'histoire du salut d'Israël. Écrivez votre propre Psaume 135 afin d'exprimer votre gratitude pour l'histoire de votre salut personnel.

3. Développez une conscience de gratitude. Soyez bien conscients tout au long du jour de ce qui vous arrive de bon, soyez débordant de reconnaissance, remerciez Dieu et les autres aussi souvent que possible. Pensez à tous ceux que vous trouvez normal d'avoir auprès de vous, vos amis, votre famille, et écrivez-leur un petit mot simplement pour les remercier d'être un tel don dans votre vie.

4. Asseyez-vous seul et allumez une bougie : grattez une allumette, allumez la bougie, soufflez l'allumette et humez

121. Walter Rauschenbusch, *Prayers of the Social Awakening* (NdT : *Prières du réveil social*, Boston, New York, and Chicago : The Pilgrim Press, 1910), 47.

l'odeur. Regardez la flamme, laissez la bougie vous éclairer et la flamme vous conduire dans ce lieu intime qui déborde de reconnaissance.

Chapitre V

Les ténèbres mêmes sont un chemin menant à la beauté

La souffrance que l'on expérimente dans les ténèbres encourage souvent la création d'œuvres de beauté. La souffrance, plus souvent que la joie, suscite une énergie créatrice chez les artisans de beauté. C'est la dureté des ténèbres qui conduit le cœur humain vers des domaines nouveaux et plus profonds. L'*Ode sur la mélancolie* de John Keats[122] offre une magnifique réflexion sur l'importance de la mélancolie pour faire germer les semences de la créativité. Pour lui, la mélancolie « demeure avec la beauté » et il part du postulat que le contraste entre tristesse et joie peut provoquer un réveil de l'âme.

La mélancolie recouvre diverses émotions, y compris le chagrin, la colère et la dépression ; elle est la mère qui donne naissance à de nouveaux mondes et ouvre de nouveaux horizons à l'esprit de l'homme. Le mécontentement

122. Poète romantique anglais du début du dix-neuvième siècle.

des choses telles qu'elles sont est à la racine de la mélancolie. Cette expérience fait qu'on a un sentiment de désespoir et l'esprit humain dans les ténèbres pourrait être décrit comme un nuage gris planant sur nos têtes et cachant le soleil. Dans les ténèbres, on attend l'orage prévu et chacun a tendance naturellement à fuir la ténèbre et à se créer une façade pour le monde extérieur. Beaucoup réagissent à un sentiment de mélancolie en se retirant temporairement de la vie ; ils ratent du coup ce cadeau de la créativité qui nous est offert dans ces déserts.

La mélancolie apporte avec elle une force perturbatrice qui, soit nous réveille en nous forçant à recentrer nos énergies sur un chemin conduisant à la lumière et la beauté, soit nous dépasse et nous entraîne dans une spirale vers le chagrin et le désespoir. Nous avons alors le choix d'embrasser la ténèbre pour tirer la force d'avancer sur le chemin conduisant à la lumière.

Pour explorer le rôle de la mélancolie comme force vivifiante, revenons à la réflexion de Balthasar sur le Samedi saint, qui croyait que l'expérience vécue ce jour-là nous rapproche de Dieu. Le silence, l'immobilité et le vide nous conduisent au Dieu de beauté. Dans notre parcours humain, nous sommes souvent désireux d'échapper à la ténèbre du Samedi saint pour rejoindre la lumière de Pâques et de la Résurrection. La tentation est de sauter du drame de la Passion à la gloire du dimanche de Pâques. Honorer le fait que nous passons la plus grande partie de notre vie dans les moments d'*entre-deux* du Samedi saint, c'est accepter la pauvreté de notre humanité. Balthasar nous invite à nous arrêter le Samedi saint et à ne pas nous jeter dans la célébration de Pâques. Le Samedi saint est un jour mélancolique, portant davantage de questions que de réponses. Balthasar suggère que nous nommions ce jour *saint* car c'est là que le Dieu Créateur de la Genèse nous invite à devenir co-créateurs.

Une leçon de vie fondamentale est qu'il ne peut y avoir de dimanche de Pâques sans le Samedi saint. Saint Ignace de Loyola note dans son autobiographie :

> « Lorsqu'il pensait aux choses du monde, il était rempli de délices, mais ensuite, il était sec et frustré. Quand il pensait à aller pieds nus à Jérusalem... cela le consolait... et il restait heureux et satisfait. »

Le vide du Samedi saint finit par conduire à la plénitude du dimanche de Pâques.

Le saint pape Jean-Paul II était un poète mystique. Dans son long poème intitulé « Vigile Pascale 1966 »[123], il raconte la rencontre avec le Dieu des ténèbres : « Nous sommes devant notre avenir / qui se ferme et s'ouvre tout à la fois. » Ses nombreuses expériences de Samedis saints lui permettent de se centrer sur les ténèbres de ce jour comme le prélude à une naissance glorieuse plutôt qu'à la mort : « Retourne au lieu où un homme est mort, retourne à ce lieu / où il est mort. Le passé est le temps de la naissance, pas de la mort. » Le plus grand moment de ce mystique et poète est quand il était à la fenêtre des appartements pontificaux et luttait pour lever le bras et bénir la foule une dernière fois avant son retour vers le Père. Le cadre de la fenêtre créait un portrait vivant de la lumière qui brille dans les ténèbres. En vivant sa poésie en ce moment de nuit, le Pape devenait le ministre de la beauté de Dieu. Pendant un court instant, le monde était transformé alors que tous le regardaient embrasser son Vendredi saint et son Samedi saint, se préparant à rejoindre le Christ ressuscité dans la gloire.

123. *Écrits sur le théâtre*, Cerf, 1998.

1. L'abandon

Nous nous tenons sur une terre sacrée lorsque nous luttons sur la route. Au cœur de la nuit, le Seigneur nous invite à nous abandonner. Une de mes amies m'a raconté comment, il y a plusieurs années, elle a été prise par un courant dans l'océan. Elle s'est débattue et était sur le point de couler lorsqu'elle a eu comme un éclair de grâce lui inspirant de lâcher prise et de se laisser flotter. C'est l'abandon qui lui a sauvé la vie. Elle a ajouté qu'elle s'est alors sentie comme Jacob dans son combat avec l'ange. Lorsque nous acceptons les combats de la vie, Dieu peut alors reprendre la barre et nous conduire.

S'abandonner, c'est bénir et consacrer notre expérience, et l'apprécier pour le moment de grâce qu'elle représente. C'est alors que nous suivons l'exemple de Jésus qui a choisi d'accepter la volonté de Dieu. Il a embrassé la douleur du moment au Jardin de Gethsémani, bien que luttant contre ses émotions. L'absence de Dieu accompagnée de l'indifférence de ses proches l'ont conduit au bord du désespoir. Pleinement homme, il a approfondi sa relation avec le Père. Dans une solitude totale, il s'abandonne : « *Père,* [...] *que soit faite non pas ma volonté, mais la tienne*[124]. » Dans ce moment de désespoir, Jésus accomplit une œuvre de beauté, un lien indissoluble avec son Père ; en réponse, le Père lui envoie un ange pour le consoler et lui donner la force d'accepter la coupe qu'il lui a donnée à boire[125].

Charles de Foucauld a écrit une magnifique prière qui nous invite à vivre l'expérience de Gethsémani. Cette « prière d'abandon » nous invite à nous rendre à la volonté du Père « sans mesure, avec une infinie confiance ». Charles nous suggère de prier cette prière deux fois. La première, imaginons Jésus priant au Jardin. La seconde, faisons-la nôtre.

124. Lc 22, 42.
125. Jn 18, 11.

Mon Père,
Je m'abandonne à toi,
Fais de moi ce qu'il te plaira.

Quoi que tu fasses de moi,
Je te remercie.

Je suis prêt à tout, j'accepte tout.
Pourvu que ta volonté
Se fasse en moi, en toutes tes créatures,
Je ne désire rien d'autre, mon Dieu.

Je remets mon âme entre tes mains.
Je te la donne, mon Dieu,
Avec tout l'amour de mon cœur,
Parce que je t'aime,
Et que ce m'est un besoin d'amour
De me donner,
De me remettre entre tes mains, sans mesure,
Avec une infinie confiance,
Car tu es mon Père.

Pour prier ainsi, il nous faut avoir un esprit de pauvre pour tout abandonner à Dieu. C'est bien parce que Jésus en était imprégné qu'il peut poursuivre le chemin pour lequel il était destiné. Notre défi quotidien est d'accepter que nous sommes tous des mendiants sur le chemin. Ce n'est qu'en étreignant l'indigence spirituelle de nos cœurs que nous découvrirons que c'est là que Dieu demeure. Et si nous avons le courage de tout lui donner, Dieu nous comblera des richesses d'une force créatrice.

Il y a diverses énergies dans l'esprit humain que nous avons à affronter dans la ténèbre. Le terme grec définissant ces énergies est *daimon*. Le cœur humain devient un champ de bataille entre deux esprits. Un est le *daimon* de la peur, qui est possesseur et destructeur. L'autre est le *daimon* de l'amour, généreux et créateur. Notre spiritualité se définit par les énergies que nous apportons dans le monde. Que nous nous embarquions sur un chemin créateur vers la beauté ou que nous plongions dans le vide destructeur de la peur dépend de ce que nous faisons des énergies conflictuelles au-dedans de l'esprit humain.

2. Une spiritualité des ténèbres

Je voudrais vous proposer comme mentors de cette spiritualité des ténèbres deux saints du Carmel : Jean de la Croix et Thérèse d'Avila, qui ont vécu au carrefour du seizième siècle, une période de trouble pour l'Église dans les suites de la Réforme protestante. Il fallait une spiritualité qui apporte une réforme à la fois individuelle et collective. Thérèse et Jean répondent à ce défi en méditant sur l'expérience des ténèbres dans leur vie personnelle. À partir de là, ils façonnent une spiritualité qui considère la souffrance de la nuit comme le moyen de la réforme et de la conversion. Thérèse écrit par exemple *Le Château de l'âme*[126], un classique sur le parcours spirituel, où elle décrit la maison de Dieu comme un manoir aux sept pièces. Dieu habite la pièce la plus intérieure. La vie est un voyage qui commence hors du manoir et parvient à la pièce centrale où l'âme est au plus près de Dieu, si Dieu le lui permet. Le pèlerin doit avoir un esprit de pauvre pour atteindre le lieu où Dieu nous attend tous. Les images du château et du jardin nous invitent à entamer un voyage qui nous conduit à une beauté qui dépasse toute attente. Sainte Thérèse nous prévient cependant que nous allons trouver une « boue de peur » avant d'atteindre le château et nous encourage à nous frayer un chemin à travers cette boue même. Si nous persévérons,

126. *Le Château de l'âme* ou *Le Château intérieur* ou Le *Livre des demeures*, Seuil, 1997.

nous entrerons alors dans les eaux purifiantes du château et nous approcherons de la beauté de l'amour de Dieu.

Thérèse était la psychologue, Jean le poète. Sa poésie décrit l'expérience douce-amère du voyage spirituel. Il parle en connaissance de cause, lui qui est rejeté par ses frères qui le renvoient derrière les barreaux d'une cellule de prison. Là, comme le Christ, il est enveloppé de ténèbres, ces ténèbres mêmes qui auraient pu le rendre amer. Au contraire, il en ressort purifié et plus aimant. Il se laisse inspirer et porter par le Christ Crucifié et écrit son *Cantique Spirituel* alors qu'il est torturé en prison. Inspiré par la souffrance du Christ, il peint un remarquable croquis de la Crucifixion, représentant Jésus vu d'en haut, comme Dieu le voit. Ces mots magnifiques sont inscrits sous le crucifix : « Au soir de la vie, nous serons jugés sur l'amour. »

La nuit obscure décrite par les mystiques du Carmel se concentre sur la Croix. Les dimensions verticale et horizontale de la Croix recueillent la saveur douce-amère de la terre et du ciel. Jésus nous dit : *« Mon joug est facile à porter, et mon fardeau, léger*[127]. » Ceux qui porteront délibérément la Croix découvriront que petit à petit, leur souffrance se transforme en joie.

La souffrance de la Croix a peu de valeur dans une culture séculière comme la nôtre, c'est la raison pour laquelle elle a besoin de la beauté venant de la Croix pour lui apporter le salut. La beauté germe dans l'imagination de l'artiste au cœur de la nuit obscure. La créativité surgit au cœur de la ténèbre lorsqu'on est forcé de dépendre d'une force plus grande que nous. C'est là que l'artiste devient co-créateur avec le Créateur. Il faut voir différemment dans l'obscurité. L'autre façon mystique de voir est de voir comme le Créateur voit, lui qui *« vit tout ce qu'il avait fait ; et voici : cela était très*

127. Mt 11, 30.

bon[128] ». L'artiste commence à créer ce qu'il voit et le résultat n'est pas seulement bon, il est très bon.

Nous avons le choix, soit d'étreindre la nuit, germe de beauté, soit de vivre dans le monde de la médiocrité qui place la lumière intérieure « *sous le boisseau*[129] ». Les théologiens du Moyen Âge décrivaient la lumière intérieure à l'aide du mot latin *scintilla*, l'étincelle qui est au cœur de tout homme. Lorsque ce génie intérieur fleurit et que l'esprit intérieur rayonne, alors la médiocrité disparaît. Elle est une sorte de lourdeur qui empêche l'homme de vivre sa vie en plénitude. Thomas Moore, auteur spirituel contemporain, l'explique bien :

> « Les nuits obscures de l'âme jouent un rôle dans la transcendance de la médiocrité. Elles vous forcent à examiner votre situation et à sentir le matériel obscur à partir duquel votre étincelle brillera[130]. »

La nuit obscure nous force à nous confronter à la réalité et nous donne des occasions de porter notre lumière intérieure au-dehors.

L'histoire de la spiritualité chrétienne témoigne que la nuit appelle à de nouveaux sommets sur un chemin spirituel. Dans les premiers siècles de l'Église, ceux qui souffraient le martyre au nom de la foi sont devenus des héros et des modèles. Dès que le christianisme devint la religion d'État, le sang des chrétiens cessa d'être versé. Cependant, les pères et les mères du désert continuèrent sur cette voie, dans ce qu'on a appelé *le martyre blanc* ; là, on embrasse la souffrance et on offre à Dieu des actes d'humilité et de dépouillement de soi dans le but d'imiter le Christ. Au sixième siècle, saint Benoît fait de l'humilité la pierre d'angle de sa *Règle*.

---

128. Gn 1, 31.

129. Mt 5, 15.

130. Thomas Moore, *Dark Nights of the Soul : A Guide to Finding Your Way through Life's Ordeals* (New York : Gotham, 2004), 312–13.

L'humilité allait être le chemin spirituel vers le désert, où on embrassait le martyre blanc et on se rapprochait de l'humble beauté de l'amour semblable à celui du Christ et du service des frères.

Tous les grands saints de la tradition chrétienne ont suivi cette voie. La conversion de saint François d'Assise en est un excellent exemple. Avant sa conversion, il fuyait les lépreux et courait dans l'autre sens lorsqu'il en voyait un. Après sa conversion, non seulement il prend les lépreux dans ses bras, mais il les embrasse. Saint Bonaventure dans sa *Legenda Major* écrit que lorsque François embrassa le lépreux, ce n'était plus un lépreux qui se tenait devant lui, mais le Christ en personne. Le baiser dans la tradition mystique symbolise l'union intime avec Dieu. Dans cet événement, saint François expérimente l'union avec Dieu à travers la mort à lui-même, ce qui lui permet de voir au-delà de l'apparente laideur du lépreux. Ce qui, auparavant, le révulsait, devient beau parce qu'il le voit avec des yeux neufs. Il voyait le monde avec des yeux qui dévoilaient la présence du Divin en toutes ses créatures.

L'histoire de saint Ignace est semblable. Comme saint François, il se convertit alors qu'il est malade, à la suite d'une bataille. Une fois qu'il a posé le choix de suivre le Christ, sa vie est remplie d'une énergie sans bornes pour partager avec les autres ce qu'il a reçu. Au cours de la messe, il fondait souvent en larmes à cause du profond amour qu'il avait pour le Christ. Suivant la voie mystique de saint François, il voulait tout donner au Christ Crucifié. Son but était de chercher en tout le *Magis* (le *Plus*) de façon à pouvoir « trouver Dieu en toutes choses ».

François comme Ignace se convertissent lorsqu'ils embrassent la Croix. Un Jésuite canadien décrit trois niveaux de conversion. Le premier est la conversion intellectuelle, le changement d'idées ; le deuxième est la conversion morale, le changement de conduite ; et la troisième et plus haute forme de la conversion est la conversion religieuse, le fait de tomber amoureux. L'amour est le don le plus éminent qui nous permet de voir la beauté qui est en nous et de voir le monde entier « chargé de la grandeur de Dieu ». Le chemin menant à la conversion commence avec la nuit, la mort à soi-même qui libère l'âme pour qu'elle puisse s'élancer dans la beauté du monde créé par Dieu et le remplir d'amour.

Mère Teresa de Calcutta donne au vingtième siècle le témoignage de la longue tradition de la conversion au cœur de la nuit. Combien furent surpris, et parfois même choqués, des lettres publiées après sa mort dans un livre intitulé : *Viens, sois ma lumière*[131]. Les lettres qu'elle adressait à son directeur spirituel et à ses amis révèlent une femme qui a vécu la plus grande partie de sa vie dans la nuit, tourmentée par un désespoir intérieur car elle ne parvenait pas à voir Dieu dans sa vie. Comme les mystiques du Carmel avant elle, c'est à travers la souffrance de la purification que la lumière brille à travers elle. Toutes ses lettres expriment combien son chemin est douloureux. Elle crie vers Dieu pour qu'il emplisse le vide de son âme, accablée qu'elle est par l'absence de Dieu. Son honnêteté dans ses écrits exprime la rudesse de la souffrance et le sentiment d'abandon qu'elle a si bien supportés.

J'ai eu l'occasion de rencontrer Mère Teresa à plusieurs reprises. Elle irradiait la joie, l'amour, la paix. Bien qu'elle fût proche du Christ, il ressort de ses lettres qu'elle ne le sentait pas. La grâce avec laquelle Mère Teresa a porté sa souffrance, ainsi que sa capacité à transformer sa douleur en service de ses frères, constitue une leçon magistrale qui peut nous aider à grandir dans notre proximité avec le Christ. Bien souvent, moins on se sent comme le Christ, plus on devient comme le Christ pour nos frères.

131. *Viens, sois ma lumière – Écrits intimes de la Sainte de Calcutta*, éd. Poche 2009.

3. Naviguer dans la nuit obscure

« Il y a un moment pour tout, et un temps pour chaque chose sous le ciel[132]*. »* L'observation de la nature nous apprend que la vie est constituée de saisons. Nous n'avons pas le choix quant aux saisons du pèlerinage humain. Nous pouvons par contre choisir notre réponse aux transitions que nous vivons. Certaines maximes peuvent nous aider à naviguer dans les nuits obscures accompagnant les transitions.

La première maxime est *d'accepter la vie telle qu'elle est.* C'est en effet dans la mesure où vous vivrez l'expérience de l'instant que vous trouverez une grande paix. Cela requiert une foi radicale qui accepte que Dieu soit à l'œuvre alors même qu'il semble absent. Nous regardons souvent la tapisserie de la vie depuis le bas, sans voir la beauté de la pièce que le Maître Tisserand est en train de réaliser d'en haut. Voilà le paradigme du voyage spirituel : accepter la façon de faire de Dieu est le chemin vers la vie. Un poème de Robert Frost[133] souligne la paix et la beauté qui surgissent lorsque l'on suit le plan de Dieu sur les changements dans la vie : « Deux routes se séparaient dans une forêt et moi / je pris celle qui était la moins fréquentée / et cela fit toute la différence. »

Chaque fois que nous décidons quelle route prendre, nous devrions regarder l'exemple du Christ. Le désir de faire ce qu'il a fait nous conduira dans la vie. Le chemin qui conduit à la vie est d'accepter les étapes du chemin de la vie, de l'enfance à l'adolescence, de l'adolescence à l'âge adulte, de l'âge adulte à l'âge mûr, de l'âge mûr à la vieillesse (et toutes les étapes intermédiaires). Au long du chemin, sentez l'obscurité, la confusion, les questions et la douleur – mais sentez aussi les fleurs et remarquez les compagnons qui sont sur la même route que vous. De la même façon que Dieu a

132. Qo 3, 1.

133. Poète américain du vingtième siècle. Poème intitulé : « La route laissée ».

nourri les Hébreux dans le désert avec juste ce qu'il fallait de manne pour chaque jour, le pèlerinage humain a toujours assez d'amour, de force et de grâce pour aujourd'hui.

La clé est de reconnaître que Dieu nous accompagne sur le chemin, du début jusqu'à la fin ; et tout choix que nous posons devrait être conduit par ça. La question à se poser devant toute décision et tout dilemme est : « Quel choix approfondira ma relation avec Dieu et me permettra de mieux aimer chacun ? » Accueillir la vie telle qu'elle est, sans être passif, mais en saisissant toute occasion nous permettant de grandir pour la prochaine étape de notre pèlerinage personnel de foi.

La seconde maxime est *d'avancer en profondeur*. On ne fait pas qu'avancer d'une étape à l'autre dans notre parcours. Robots et ordinateurs emmagasinent l'information et passent d'une étape à l'autre. Nous avons, nous, le choix d'avancer en profondeur. Parfois, les gens prennent l'image des couches d'oignon pour décrire les étapes de la vie. De même qu'on pèle les couches de l'oignon, chaque couche va nous faire avancer plus profondément dans notre pèlerinage. Chaque étape va apporter une sagesse plus grande. Salomon avançait en profondeur lorsqu'il lui a été offert la possibilité de demander tout ce qu'il voulait et qu'il opta pour la sagesse, cette sagesse étant de voir le lien entre les choses, l'intégration. Dans notre culture, souvent, nous n'apprenons pas aux gens à avancer en profondeur. Nous grattons la surface avec des faits que nous appelons connaissance. En vieillissant, ceux qui font l'effort de grandir en profondeur deviennent des modèles de sagesse. Le mystique est le sage qui voit toutes choses reliées et connectées entre elles. C'est à ceux-là, dit Rahner, que l'avenir appartient.

Nous avançons en profondeur et en beauté aussi par l'âge sur notre chemin. Lorsqu'on est jeune, on a l'impression que le temps avance lentement ; l'enfant qui attend Noël croit toujours que la fête n'arrivera jamais tant il est impatient. En grandissant en âge, on fait une autre expérience du temps. Pour ceux qui avancent sur un chemin spirituel, ce n'est plus le *chronos*, l'heure de la montre, qui détermine leur vie, mais plutôt le *kairos*, l'heure de la grâce, qui leur permet de commencer à expérimenter la vie selon l'heure de Dieu. Ce mode alternatif pour compter l'heure dépend de notre disposition à permettre au grain de blé de mourir en terre[134] pour porter le fruit que Dieu a fait mûrir.

C'est lorsque nous commençons à diminuer au plan physique et mental que nous sommes autrement beaux. Itzhak Perlman, un des plus grands violonistes de notre temps, a été atteint par la polio quand il était petit. Il est depuis paralysé des jambes, marche avec des béquilles et ne peut jouer qu'assis. On raconte qu'un jour, Perlman jouait lors d'un concert dans une salle remplie de centaines et de centaines de personnes. Une des cordes de son violon claqua… Tous retinrent leur souffle et, après quelques secondes qui leur semblèrent une éternité, Perlman signifia au chef d'orchestre de continuer le concert. Il finit sa prestation – avec les trois cordes restantes. Pendant cinq bonnes minutes, l'assistance applaudit, les yeux humides. Perlman se leva alors et dit : « Voilà ma vocation, ma mission de toute une vie – faire de la musique avec ce que j'ai. » À cet instant précis, Perlman devenait une œuvre de beauté capable de transformer le monde. « Faire de la musique à partir de ce qui est blessé », voilà la vocation qui est la nôtre, lorsque nous faisons l'expérience de la force à travers notre faiblesse dans les changements de la vie.

J'ai encore mieux et plus profondément compris cette vérité au cours d'une récollection que je prêchais il y a quelque temps à des prêtres et religieuses âgés. Leurs visages ridés, leurs corps boiteux, leurs yeux embués étaient un évangile vivant. Dans la procession de communion, j'ai

134. Jn 12, 24.

été bouleversé de les voir s'avancer, comme des cordes brisées, des saints chantant : « Prends, Seigneur, et reçois. » Ils continuaient à se livrer tout entiers dans l'automne de leur vie. Dans son livre *Le Milieu Divin*[135], Teilhard de Chardin décrit de manière puissante ce que signifie avancer en profondeur lorsque l'on prend de l'âge. Il reconnaît le chagrin qu'il éprouve à voir son corps décliner à l'approche de la fin de sa vie. Il compare sa fragilité à la force de Dieu, qui le soutiendra jusqu'à son dernier jour. Priant pour obtenir la grâce, il dit : « Il ne suffit pas que je meure en communiquant. Apprenez-moi, Seigneur, à communiquer tout en mourant. »

La troisième maxime est de *se rappeler que l'humour a un sens*. Au cœur de la nuit obscure, une qualité importante à cultiver est le sens de l'humour. Les Indiens d'Amérique ont une très belle tradition pour faire le choix du parrain et de la marraine d'un nouveau-né. La première personne qui fait sourire le bébé sera élue. Ils croient que c'est à cet instant même que l'Esprit Saint entre dans l'âme du nouveau-né. Les sages dans cette tradition sont ceux qui sourient, ceux qui ont le sens de l'humour au cœur même des épreuves et des difficultés de la vie quotidienne.

La proximité d'œuvres de beauté aide chacun à avoir du recul et apporte de la joie même au milieu de la tristesse. La musique, le cinéma et l'art portent souvent ce message. Des hymnes comme par exemple *Amazing Grace*[136] touchent les cœurs et permettent de passer un moment difficile dans la paix. Un film comme *La vie est belle*[137] puise dans un chagrin profond qui progressivement apporte la joie. Cette joie

135. *Essai de vie intérieure*, éd. du Seuil, Paris, 1993.

136. *Amazing Grace* est l'une des hymnes chrétiennes les plus célèbres dans le monde anglophone. La première publication des paroles écrites date de 1779. Le thème de cette hymne évoque la rémission des péchés par la foi en Dieu, ce qui renvoie à l'origine de son écriture par John Newton, un pécheur repenti.

137. *La vie est belle* (1947), film de Franck Capra, est une comédie dramatique américaine.

n'est pas un rire superficiel qui couvrirait une souffrance et serait une sorte de déni. En fait, la joie spirituelle ne dépend pas de circonstances extérieures, mais est plutôt fondée sur l'assurance profonde que « *quand les hommes aiment Dieu, lui-même fait tout contribuer à leur bien*[138] ».

La beauté guérit et offre une perspective différente, qui ouvre nos yeux à la joie. Steve Jobs[139] avait l'intuition que les gens ont besoin de faire l'expérience de la beauté, même dans le domaine de la technologie. En créant les produits Apple, son but était de créer des œuvres belles, permettant aux gens de ne plus avoir peur d'une machine, mais d'avoir un sentiment de respect devant les nouvelles technologies. Dans un discours adressé aux étudiants de l'Université de Stanford en Californie alors qu'il venait d'apprendre qu'il était atteint d'une forme rare de cancer, il souligne que le plus important dans la vie est d'adhérer au fait qu'on est tous destinés à mourir. Si on le fait, on reconnaît d'emblée ce qui est important et on laisse tomber ce qui est trivial. Par conséquent, on peut vivre la vie en plénitude. Au moment de sa mort, entouré de ses proches, il regardait par-dessus leurs épaules et – quoi que ce soit ou qui que ce soit qu'il ait vu – ses derniers mots furent : « Oh là là ! » Il voyait enfin Celui qui fait toutes choses nouvelles…

Lorsque nous traversons une nuit obscure, il est aisé de perdre de vue le Christ, Celui qui est le début et la fin de notre pèlerinage. Les tentations du Christ dans le désert, décrites dans l'évangile de Matthieu[140], peuvent être des exemples pour nous, dans les problèmes qui nous bloquent et nous font perdre le chemin, la vision. Changer les pierres en pain était la tentation de se servir de son pouvoir pour

---

138. Rm 8, 28.

139. Entrepreneur et inventeur américain, souvent qualifié de visionnaire, et figure majeure de l'électronique grand public, fondateur d'Apple, décédé en 2011.

140. Mt 4.

soi-même. S'agenouiller devant Satan pour recevoir tous les royaumes du monde était la tentation de se chercher un statut pour son propre intérêt. Se jeter du haut d'une montagne en laissant les anges le rattraper était la tentation d'abandonner la responsabilité de sa vie. Si nous trébuchons devant nos tentations, Dieu ne cesse de nous inviter à nous relever et à recommencer.

Les tentations de la vie peuvent refroidir et aigrir l'esprit de l'homme. L'humour est un outil positif dont on peut se servir au milieu des tentations. Pouvoir rire à la face du démon signifie qu'on voit l'incongruité de la situation. On peut accepter le mystère de la vie et reconnaître que la vie n'est pas un problème à résoudre, mais plutôt un mystère à vivre. Cela nous permet de dire « non » à quelque chose qui n'engendre pas la vie et de dire « oui » à la vie telle qu'elle est.

Mère Teresa souffrait et cela ne l'a pas empêchée de continuer à sourire. Elle disait : « Je ne peux faire qu'une chose, suivre de tout près, comme un petit chien, les pas du Maître. Priez pour que je sois un chien joyeux. » Elle s'était engagée à devenir un apôtre de la joie au lieu de se complaire dans sa misère. Elle a fait face à chaque nouvelle journée, avec ses joies et ses peines, ses incertitudes et ses consolations, avec un sourire permanent qui n'était pas artificiel, mais venait de sa confiance : *« Je sais, moi, que mon rédempteur est vivant*[141] *! »*

4. Des experts en compassion

Un abbé bénédictin, Dom Chapman[142], suggérait dans ses lettres spirituelles que la relation entre contemplation et charité doit être continue. « Il faut accepter joyeusement et

141. Jb 19, 25.

142. Abbé de Downside Abbey en Angleterre. Spécialiste de Nouveau Testament et de patristique, mort en 1933.

de toute notre volonté exactement l'état de prière que Dieu permet pour nous, ici et maintenant. C'est ce que nous voulons, et rien d'autre. C'est exactement ce que Dieu veut pour nous. » Chapman propose que nous fassions moins attention aux *méthodes* quand nous prions et plus attention à la *charité*. La charité que nous manifestons dans nos vies est le signe le plus sûr que notre prière est authentique et que nos vies avancent dans la bonne direction.

La compassion est une expression de la charité, qui est le plus grand[143] des dons. C'est précisément dans la nuit que Dieu qui est amour nous apprend à être compatissants, à *souffrir avec*. L'empathie est de sentir la douleur de l'autre. La sympathie est d'entrer dans la douleur de l'autre. On trouve ces deux termes dans les manuels de psychologie, mais le mot *compassion* n'y est pas. La compassion vient des profondeurs de la foi qui bat dans le cœur de l'homme. S'il y a bien un mot qui définit la vie et le ministère de Jésus-Christ, c'est le mot compassion. Il est compassion pour les pauvres, les malades, les marginalisés, les oubliés ; il est le bon berger qui va chercher la brebis perdue. La meilleure description du mysticisme de la nuit qui produit des cœurs compatissants se trouve dans l'évangile de Matthieu[144]. Nourrir les affamés, donner à boire à ceux qui ont soif, visiter ceux qui sont en prison, vêtir ceux qui sont nus, voilà ce qui définit la vie du chrétien. Le ciel, c'est de se tourner vers le prochain, de se laisser absorber par le monde ; l'enfer, c'est de se laisser absorber par soi-même. Sur le chemin de la compassion, nos frères et sœurs deviennent parmi nous des sacrements de la présence cachée de Dieu.

La compassion de Mère Teresa incarne la beauté que l'on trouve dans le don de soi à nos frères. Elle racontait une histoire magnifique sur un Aborigène qu'elle avait rencontré

143. 1 Co 13, 13.
144. Mt 25.

alors qu'elle prenait soin des pauvres en Australie. L'homme était âgé, seul, et vivait dans une cabane en fer-blanc dans la réserve. Mère Teresa fit le ménage dans sa cabane et y découvrit une magnifique lanterne qui ne servait jamais. Avec douceur, elle réussit à le convaincre d'allumer la lampe pour accueillir les sœurs qui venaient lui rendre visite, mettant ainsi un rayon de beauté dans sa vie, qui ne s'éteindrait pas. Deux ans plus tard, il dit à une des sœurs : « Dites à Mère, mon amie, que la lumière qu'elle a allumée dans ma vie continue de brûler. »

La magnifique lumière qui vient de la nuit est celle de la compassion. Le but de la vie spirituelle est que nous soyons transformés, à travers la nuit, en experts en compassion. La compassion envers nos frères à la suite du Christ est le plus bel ouvrage de beauté que les hommes peuvent créer. Au cours de notre vie trépidante dans le monde d'aujourd'hui, veillons toujours à nourrir la beauté de la spiritualité chrétienne dans nos âmes et à laisser cette lumière briller sur tous ceux qui nous entourent. Nous pourrons ainsi nous enraciner dans les vérités éternelles qui empliront notre esprit de la grâce de Dieu dans ce vingt et unième siècle, comme elles l'ont fait depuis la nuit des temps. La beauté transformera le monde car la beauté transforme le cœur humain.

5. Pour continuer sur la voie de la beauté

1. L'art occidental, historiquement, met l'accent sur l'agonie et la souffrance du Christ. Par contraste, l'icône orientale du onzième siècle appelée *Crucifix de Saint-Damien* insiste sur la liberté du Christ et le don qu'il fait de lui-même. On nomme ainsi ce crucifix parce que c'est dans l'église du même nom qu'il se trouvait et a parlé à saint François en 1206, lui demandant : « Va et reconstruis mon Église. » Laissez-vous regarder par cette magnifique icône et laissez-la parler à votre cœur.

2. Regardez le crucifix peint par saint Jean de la Croix et repris par Salvador Dali. C'est dans la nuit que saint Jean crée cette œuvre de beauté. Quels pensées, souvenirs et sentiments remontent en vous de périodes de nuit dans votre vie ? Quelle beauté ou énergie créatrice en est ressortie ?

3. Méditez ces mots du moine bouddhiste Thich Nhat Hahn[145] : « Vous venez de mettre dans un vase une magnifique rose, qui sent bon et qui est toute fraîche… À l'inverse, voilà votre poubelle, pleine de choses pourries qui sentent mauvais. Mais vous ne faites que regarder à la surface. Si vous regardiez attentivement, vous allez voir que d'ici cinq ou six jours, la rose aura rejoint les ordures. Pas besoin même d'attendre si longtemps, vous le voyez déjà. Et si vous regardez votre poubelle, vous voyez que dans quelques mois, son contenu sera devenu de beaux légumes et peut-être une rose… En regardant la rose, vous voyez les ordures ; en regardant les ordures, vous voyez une rose. Roses et ordures sont liées ensemble. Sans rose, pas d'ordures et sans ordures, pas de rose. Elles ont besoin l'une de l'autre. La rose et les ordures sont identiques. Les ordures sont aussi précieuses que la rose. » Pensez à l'échange entre les roses et les ordures dans votre vie.

4. Faites un Chemin de Croix ou lisez les récits de la Passion dans les Évangiles. Essayez d'entrer dans les ténèbres, la souffrance et l'agonie de Jésus, pour comprendre plus profondément ce qu'il a vécu.

5. Regardez le tableau de la *Transfiguration* du Protodiacre Paul Hommes[146] et lisez le récit de la Transfiguration dans l'un des Évangiles. Est-ce que vous vous identifiez à Pierre, Jacques et Jean dans leur désir de construire trois tentes pour demeurer là ? Dans quelle mesure une expérience de

---

145. Moine bouddhiste vietnamien militant pour la paix. Il compte parmi les plus connus des promoteurs du bouddhisme en Occident.

146. Résidant au Monastère de la Mère de Dieu Consolatrice, en Belgique Néerlandophone.

transfiguration nous prépare-t-elle à la nuit, nous faisant entrer dans la mort du Christ pour pouvoir ressusciter avec lui ?

Conclusion à la Beauté

Une spiritualité de la beauté répond à un besoin pressant du vingt et unième siècle, car elle offre une alternative aux valeurs de la culture contemporaine. Nous vivons à une époque où la société définit la beauté en fonction du succès. Notre culture se concentre surtout sur la beauté physique et son rôle dans la promotion du succès dans l'environnement de compétition de notre société actuelle. Cette philosophie véhicule son message sur qui est beau, ce qui est beau, et encourage par là même une vision de la beauté utilitaire et parfois superficielle.

On a beaucoup écrit sur les valeurs associées à la beauté ces temps derniers. Plusieurs de ces études se fondent sur des méthodologies de science sociale qui expliquent le rôle de la beauté physique sur le marché. Elles se concentrent sur le préjugé actuel que la beauté humaine se base exclusivement sur des facteurs extérieurs comme l'âge, le poids, la taille, la race, le genre. Nous l'avons vu dans ce livre, cette définition limitée de la beauté rate l'occasion de se relier à une spiritualité qui s'élève sur les ailes de la beauté fondamentale de toute existence.

Si ce n'était que pour cela, il nous faut travailler à une spiritualité de la beauté pour offrir une alternative à ces normes culturelles destructrices et démoralisantes. Une spiritualité de la beauté incite l'esprit humain à regarder au-delà de la surface pour aller plus profond et découvrir la version de la beauté que nous offre le Seigneur. À l'inverse des valeurs de la société actuelle, qui souvent réduit la beauté à ce qui est pratique ou superficiel, il nous faut une spiritualité de la beauté qui ose transcender la nature pratique aux yeux du monde parce qu'on ne peut la mesurer selon des normes séculières. Cette spiritualité tirera ses normes de celles du Créateur, qui a contemplé ses œuvres et ne les a pas seulement trouvées belles, mais très belles.

Dans les chapitres précédents, nous avons trouvé des définitions alternatives de la beauté qui sont plus larges et plus profondes que les valeurs véhiculées par la culture contemporaine. Il y a quelque chose de *toujours ancien, toujours nouveau*, à propos de cette perspective sur la beauté qui résonne avec la quête de spiritualité de ce vingt et unième siècle. Peut-être vous demandez-vous ce qui est nouveau – et ce qui n'est pas si nouveau que ça – concernant une spiritualité de la beauté. Rien de nouveau dans la quête de Dieu et le désir d'atteindre la transcendance ; le mantra « Je veux de la spiritualité » de notre culture actuelle a toujours existé. En développant une réflexion sur la spiritualité de la beauté adaptée au vingt et unième siècle, j'ai parcouru les caves et les greniers de la tradition chrétienne. J'en ai ressorti quelques concepts qui y étaient enfouis, je les ai dépoussiérés et les ai reconditionnés pour notre époque. Ce qui est nouveau dans cette spiritualité est son désir de se réapproprier la primauté de la beauté que l'on a abandonnée sur une étagère depuis trop longtemps. Quand on regarde les produits de base de la tradition chrétienne, comme la gratitude et le pardon, à travers le prisme de la beauté, on arrive à une spiritualité de la beauté qui est *toujours nouvelle* au regard des valeurs contemporaines de la société dans laquelle nous vivons et, cependant, *toujours ancienne* dans un sens familier par nature à nos âmes.

La spiritualité de la beauté présentée ici a pour but de remplir le vide de notre culture et de notre religion contemporaines. Non seulement la culture a échoué à satisfaire l'esprit de l'homme avec son approche actuelle de la beauté, mais la religion aussi. Balthasar avait observé que la beauté est l'attribut de Dieu le plus négligé dans la théologie moderne, aussi a-t-il rédigé ses « aspects esthétiques[147] ». Il place au centre de sa théologie une vérité fondamentale : dans l'Incarnation, Dieu a transformé l'essence même de la culture. La vision théologique de Balthasar est de « réintégrer grâce et nature, pensée et sentiment, corps et âme, culture et théologie dans une réflexion théologique synthétique et compréhensive sur la forme ». Dans sa théologie de la beauté, Balthasar se fonde sur le fait que Dieu est l'unique Beau, qui nous aime au point de venir dans les ténèbres du chaos, de la haine, de la laideur pour attirer l'esprit de l'homme dans la sphère de la beauté divine. Ce concept ne fait pas que restaurer la beauté en tant qu'attribut de Dieu, mais se réapproprie la personne humaine comme reflet de la beauté de Dieu.

Je crois que c'est le manque d'emphase sur la place de la beauté dans la spiritualité qui a poussé les Pères conciliaires à parler aux artistes à la conclusion du concile Vatican II le 8 décembre 1965. Dans son discours, le pape Paul VI déclare que les amis de l'art authentique sont les amis de l'Église. Il dit aux artistes :

> « C'est la beauté [...] qui donne la joie au cœur de l'homme [...] et tout ceci se fait par vos mains [...]. Rappelez-vous que vous êtes les gardiens de la beauté dans le monde. Puisse cela suffire à vous libérer de tous les goûts qui passent. »

Le saint pape Jean-Paul II développera plus tard ces thèmes dans sa Lettre aux Artistes, que nous avons citée plusieurs fois

147. *La Gloire et la Croix, aspects esthétiques de la Révélation*, Aubier, 1975.

dans ce livre pour sa clarté à définir le rôle de la beauté, qui soutient la vie spirituelle. Pour célébrer cette lettre du saint pape, Benoît XVI rencontre plus de deux cents artistes du monde entier sous la fresque de Michel-Ange du *Jugement dernier* dans la chapelle Sixtine[148]. Il les encourage à être des hérauts et témoins d'espérance pour l'humanité et à ne pas avoir peur d'entrer en dialogue avec les croyants qui se voient pèlerins sur un chemin vers la beauté et la gloire infinies. Commentant la fresque, le Pape dit aux artistes :

> « Le *Jugement dernier*, qui trône derrière moi, rappelle que l'histoire de l'humanité est mouvement et ascension, une tension inépuisable vers la plénitude, vers le bonheur ultime, vers un horizon qui dépasse toujours le présent alors qu'il le traverse. »

Une spiritualité de la beauté découvre son but ultime dans la vision de la fresque de Michel-Ange. Le Dieu qui a créé ce monde magnifique le conduira à son accomplissement dans une plénitude de grâce à la fin des temps. C'est la beauté qui nous soutient et nous motive dans ce temps d'entre-deux que nous vivons. La beauté est notre carte routière qui nous pousse à voir les manifestations du Divin chaque jour sur notre chemin vers le Royaume. La spiritualité présentée dans ces pages présente la beauté comme un moyen de voir que l'on ne peut apprécier pleinement que lorsqu'on en fait l'expérience dans l'instant présent. Une fois que nous sommes guéris de l'aveuglement causé par les blessures de la vie en acceptant et en offrant le pardon, alors nous pouvons revenir à la beauté de l'instant présent. C'est dans cette rencontre sacrée que l'esprit de l'homme est plein de gratitude. La matière première de cette synthèse provient des ténèbres du chaos de la vie où l'Esprit de Dieu fait de nous une nouvelle création.

---

148. Rencontre avec les artistes, chapelle Sixtine, discours du 21 novembre 2009.

Nous trouvons une illustration puissante de la dynamique interne de cette spiritualité dans l'expérience de Beethoven. C'est au cours d'une période de difficultés personnelles que Ludwig van Beethoven composa sa Symphonie n° 2 en ré majeur. Il était découragé par sa surdité grandissante, au point qu'il en confie le secret et la souffrance à son ami Franz Wegeler[149]. C'est au cours de cette période de dépression que Beethoven produira l'une de ses œuvres les plus joyeuses, qui lui apportera le plus de consolation et touchera des millions de personnes au fil du temps. Au cours de cette période de chagrin, non seulement Beethoven crée une œuvre de beauté, mais il devient lui-même une œuvre de beauté. Il reprend force en restant dans l'instant présent et en affrontant les ténèbres de sa situation. Plein de gratitude pour les dons qui le poussent à devenir co-créateur de beauté, il offrira joie et beauté à des foules.

Toute expérience de la beauté a le potentiel de nous mettre en contact avec la transcendance. Les Juifs exprimèrent cette croyance dans leur prière du Psaume 26 :

> « *J'ai demandé une chose au Seigneur, la seule que je cherche : habiter la maison du Seigneur tous les jours de ma vie, pour admirer le Seigneur dans sa beauté et m'attacher à son temple*[150]. »

Le psalmiste reprend un principe théologique profond selon lequel le désir fondamental de l'homme est d'« admirer le Seigneur dans sa beauté ». Nous voilà au cœur de la question. Dieu n'est pas seulement beau ; Dieu *est* beauté. Nous connaissons la beauté de Dieu en expérimentant les fruits de l'activité créatrice de Dieu. La beauté du monde est le travail manuel de Dieu. Balthasar le dit en ces termes :

> « On expérimente le cosmos comme la représentation et la manifestation de la beauté transcendante et cachée de Dieu,

149. Médecin allemand, ami d'enfance de Beethoven.
150. Ps 26, 4.

étant donné que lorsqu'il crée le monde, Dieu non seulement le fait exister, mais lui transmet ses propres qualités, ce qui fait qu'il est à la ressemblance de Dieu. »

Balthasar se ressaisit de la tradition des Pères orientaux qui enseignaient que Dieu n'est pas seulement la beauté elle-même, mais que toute beauté vient de Celui qui est la Beauté même. Là se trouve la base du principe sacramentel que toute beauté sert de médiateur dans le contexte du monde matériel. Bien que des artistes créent des œuvres de beauté pour nous, nous sommes tous appelés à être artisans de la beauté de Dieu dans nos vies, dans nos paroles et dans nos actes dans le monde.

C'est lorsque nous reconnaissons le visage de Dieu dans notre prochain et en nous-mêmes que nous devenons des artisans de la beauté de Dieu. Dans une pièce de théâtre[151], une jeune maman, Émilie, que l'on voit grandir, vient d'être enterrée. Avant d'entrer dans la vie nouvelle, elle demande à revenir sur la terre « pour un instant seulement ». Il lui est répondu qu'elle le peut, à condition de choisir le jour le moins important de sa vie, ce qui sera bien assez. Cela signifie que chaque jour est important. Au moment où Émilie revit le moment où elle se réveille le matin de son douzième anniversaire, elle s'écrie : « Ça va bien trop vite ! On n'a même pas le temps de regarder chacun… Oh terre, tu es trop merveilleuse pour que quelqu'un te comprenne. » Elle demande au régisseur : « Est-ce que les êtres humains comprennent la vie quand ils la vivent – chaque, vraiment chaque minute ? » Il lui répond alors : « Non. Les saints et les poètes, peut-être un peu. »

Une spiritualité de la beauté nous invite à devenir ces saints et ces poètes qui reconnaissent Celui qui est Beauté

---

151. Thornton Wilder, dramaturge et romancier américain du vingtième siècle. Son chef-d'œuvre au théâtre est *Our Town* en 1938 (*Notre petite ville*, Paris, L'Arche, « Scène ouverte », 2012).

sur le chemin ordinaire de la vie quotidienne comme à Emmaüs :

> « *Alors leurs yeux s'ouvrirent et ils le reconnurent, mais il disparut à leurs regards. Ils se dirent l'un à l'autre : "Notre cœur n'était-il pas brûlant en nous, tandis qu'il nous parlait sur la route et nous ouvrait les Écritures*[152] *?"* »

La conclusion à la beauté est encore une fois un nouveau commencement, quand vous devenez une communauté du beau. Que vos cœurs brûlent en vous tandis que vous lui parlez et que vous parlez à vos frères en chemin.

152. Lc 24, 31-32.

Références de sites internet

Introduction

Documents du Vatican

— Pape Jean-Paul II, Lettre aux Artistes, 1999 : http://w2.vatican.va/content/john-paul-ii/fr/letters/1999/documents/hf_jp-ii_let_23041999_artists.html
— Pape Paul VI, Message aux Artistes, 8 décembre 1965 : http://w2.vatican.va/content/paul-vi/fr/speeches/1965/documents/hf_p-vi_spe_19651208_epilogo-concilio-artisti.html

Textes poétiques et autres

— Alexandre Soljenitsyne, Discours pour la réception du Prix Nobel en 1970 : http://www.nobelprize.org/nobel_prizes/literature/laureates/1970/solzhenitsyn-lecture.html

Chapitre 1

Documents du Vatican

— Pape Benoît XVI, Exhortation apostolique Verbum Domini, 30 septembre 2010 : http://w2.vatican.va/content/benedict-xvi/fr/apost_exhortations/documents/hf_ben-xvi_exh_20100930_verbum-domini.html
— Pape Benoît XVI, Audience sur la voie de la beauté, 31 août 2011 : http://w2.vatican.va/content/benedict-xvi/fr/audiences/2011/documents/hf_ben-xvi_aud_20110831.html
— Pape Jean-Paul II, Lettre aux Artistes, 1999 : http://w2.vatican.va/content/john-paul-ii/fr/letters/1999/documents/hf_jp-ii_let_23041999_artists.html
— Pape Paul VI, Message aux Artistes, 8 décembre 1965 : http://w2.vatican.va/content/paul-vi/fr/speeches/1965/documents/hf_p-vi_spe_19651208_epilogo-concilio-artisti.html
— Vatican II, Constitution Pastorale sur l'Église dans le monde de ce temps, Gaudium et Spes : http://www.vatican.va/archive/hist_councils/ii_vatican_council/documents/vat-ii_const_19651207_gaudium-et-spes_fr.html

Œuvres d'art visuelles

— Ansel Adams, *Le chêne*, *Lever de soleil* : http://www.chooseart.net/ansel_adams.html
— Claude Monet, *Peupliers* : http://fr.wikipedia.org/wiki/Les_Peupliers
— Rembrandt, *Autoportrait en Apôtre Paul* : http://www.cineclubdecaen.com/peinture/peintres/rembrandt/autoportraitenapotrepaul.htm
— Rembrandt, *Le Retour du Fils Prodigue* : http://st-michel-yvetot.spip.ac-rouen.fr/IMG/pdf/rembrandt1.pdf

Chapitre 2

Œuvres d'art visuelles

- Tour virtuel du *Couvent Saint-Marc*, Florence :
- https://www.youtube.com/watch?v=aGsm2p4cLP0
- Reproduction de *fresques* du Couvent Saint-Marc, Florence : http://www.museumsinflorence.com/musei/museum_of_san_marco.html
- *Ode à la joie*, Barcelone : http://www.youtube.com/watch?feature=prayer_embedded&v=GBaHPND2QJg
- *Icône de la Trinité* de Roublev : http://www.edelo.net/trinite/index.htm
- *L'Annonciation* de Tanner : http://www.americamagazine.org/content/article.cfm?article_id=10719
- Icône de la Nativité, Ecole de Novgorod : http://www.atelier-st-andre.net/fr/pages/oeuvres/fricone69.html

Chapitre 3

- *Cantique des Créatures* de saint François d'Assise : http://www.franciscainstoulouse.fr/franclaire/etudes/Le%20Cantique%20des%20cr%E9atures.pdf
- Rembrandt, *Le retour du Fils prodigue* : http://st-michel-yvetot.spip.ac-rouen.fr/IMG/pdf/rembrandt1.pdf

Chapitre 4

- *Extase de sainte Thérèse* de Bernini : http://www.1oeuvre-1histoire.com/extase-sainte-therese-avila.html
- *La lumière du monde* de William Holman Hunt : http://fr.wikipedia.org/wiki/La_Lumi%C3%A8re_du_monde

Chapitre 5

— Christ de saint Jean de la Croix de Salvador Dali : http://www.narthex.fr/blogs/ecrits-mystiques/l2019heritage-artistique-de-jean-de-la-croix-dali-le-christ-de-saint-jean-de-la-croix-peinture-1951-et-sculpture
— *Crucifix de Saint-Damien* : http://ursulines.union.romaine.catholique.fr/Meditation-de-la-Croix

Conclusion

— Pape Benoît XVI, *Audience sur la voie de la beauté*, 31 août 2011 : http://w2.vatican.va/content/benedict-xvi/fr/audiences/2011/documents/hf_ben-xvi_aud_20110831.html
— Pape Jean-Paul II, *Lettre aux Artistes*, 1999 : http://w2.vatican.va/content/john-paul-ii/fr/letters/1999/documents/hf_jp-ii_let_23041999_artists.html
— Pape Paul VI, *Message aux Artistes*, 8 décembre 1965 : http://w2.vatican.va/content/paul-vi/fr/speeches/1965/documents/hf_p-vi_spe_19651208_epilogo-concilio-artisti.html

Table des matières

Composition et mise en pages réalisées par
LG Compo - 28200 - Châteaudun
Avril 2015

IMPRIMÉ EN FRANCE

Imprimé en avril 2015 sur les presses de l'imprimerie « La Source d'Or »
63039 Clermont-Ferrand - Imprimeur n° 17813

Dans le cadre de sa politique de développement durable, La Source d'Or a été référencée IMPRIM'VERT® par son organisme consulaire de tutelle.
Cet ouvrage est imprimé - pour l'intérieur - sur papier bouffant « Pamosky » 80 g (main 2) provenant de la gestion durable des forêts, produit par des papetiers dont les usines ont obtenu les certifications environnementales ISO 14001 et E.M.A.S.